Frauen um Nietzsche

ro
ro
ro

rowohlts monographien
begründet von Kurt Kusenberg
herausgegeben von Wolfgang Müller
und Uwe Naumann

ro
ro
ro

Frauen um Nietzsche

Dargestellt von Mario Leis

Rowohlt Taschenbuch Verlag

Umschlagvorderseite: Friedrich Nietzsche.
Gemälde von Edvard Munch, 1906
Umschlagrückseite: Von oben nach unten:
Franziska Nietzsche, Elisabeth Nietzsche,
Malwida von Meysenbug, Lou Andreas-Salomé
und Cosima Wagner

Seite 3: Horst Janssen: Friedrich Nietzsche 1882
Seite 7: Hans Olde: Nietzsche-Porträt, 1899

Originalausgabe
Veröffentlicht im Rowohlt Taschenbuch Verlag
GmbH, Reinbek bei Hamburg, Mai 2000
Copyright © 2000 by Rowohlt Taschenbuch Verlag
GmbH, Reinbek bei Hamburg
Alle Rechte an dieser Ausgabe vorbehalten
Umschlaggestaltung Ivar Bläsi
Redaktionsassistenz Karolin Marhencke
Reihentypografie Daniel Sauthoff
Layout Gabriele Boekholt
Satz PE Proforma *und* Foundry Sans *PostScript,*
QuarkXPress 4.04
Gesamtherstellung Clausen & Bosse, Leck
Printed in Germany
ISBN *3 499 50631 9*

Die Schreibweise entspricht den Regeln
der neuen Rechtschreibung.

INHALT

Lisa Schmitz: Ohne Titel, 1981

Frauen um Nietzsche: «Sie lieben mich Alle»

Wenn von Friedrich Nietzsche[1] und den Frauen die Rede ist, werden unweigerlich seine beiden berüchtigten Sätze zitiert, die er übrigens einer alten Frau in *Also sprach Zarathustra* in den Mund legt: *Du gehst zu Frauen? Vergiss die Peitsche nicht!*[2] Seit über hundert Jahren stempeln sie den Philosophen als Frauenfeind ab. Weitere Textstellen in seinem Werk werten in ähnlicher Weise die Damenwelt ab. Trotzdem, mit einem einseitigen Urteil wird man Nietzsche nicht gerecht, denn auch ganz andere Töne sind im Werk des Denkers zu vernehmen: Aus ihnen klingt die Verherrlichung der Frau.

Aufschlussreich für eine erste Annäherung an die spannungsreiche Haltung des Philosophen gegenüber Frauen ist der Bericht seines langjährigen Freundes Paul Deussen. In seinen «Erinnerungen an Friedrich Nietzsche» (1901) schildert er eine Begebenheit, die sich während der gemeinsamen Studienzeit in Bonn zugetragen hat: «Nietzsche war eines Tages, im Februar 1865, allein nach Köln gefahren, hatte sich dort von einem Dienstmann zu den Sehenswürdigkeiten geleiten lassen und forderte diesen zuletzt auf, ihn in ein Restaurant zu führen. Der aber bringt ihn in ein übel berüchtigtes Haus. ‹Ich sah mich›, so erzählte mir Nietzsche am andern Tage, ‹plötzlich umgeben von einem halben Dutzend Erscheinungen in Flitter und Gaze, welche mich erwartungsvoll ansahen. Sprachlos stand ich eine Weile. Dann ging ich instinktmäßig auf ein Kla-

7

vier als auf das einzige seelenhafte Wesen in der Gesellschaft los und schlug einige Akkorde an. Sie lösten meine Erstarrung, und ich gewann das Freie.»[3] Der einundzwanzigjährige Student der Theologie und klassischen Philologie, der unfreiwillig in ein Bordell geraten war, wendet sich sprachlos von der erotisch-verführerischen Flitterwelt ab. Instinktiv flieht er in die Kunst. Nur sie kann den jungen Mann aus der Bedrohung, die von den anrüchigen «Erscheinungen» ausgeht, befreien. Es ist nicht zu unterschätzen, dass Nietzsche die Kunst favorisiert, vor allem die Musik. In der *Geburt der Tragödie aus dem Geiste der Musik* stellt er seine Lebens-Maxime pointiert vor: *[...] nur als aesthetisches Phänomen ist das Dasein und die Welt ewig gerechtfertigt*[4]. Diese notwendige ästhetische Bedingung erfüllt, wie Friedrich Nietzsche leidvoll erfahren muss, keine Frau; die Kunst dagegen erweist sich als unentbehrlich.

Immer wieder flüchtet Nietzsche vor den Frauen in den Elfenbeinturm des Künstlers und Philosophen. In der *Fröhlichen Wissenschaft*, im Aphorismus *Die Frauen und ihre Wirkung in die Ferne*, richtet er den Blick auf die Vorteile der Flucht: *Wenn ein Mann inmitten seines Lärmes steht, inmitten seiner Brandung von Würfen und Entwürfen: da sieht er auch wohl stille zauberhafte Wesen an sich vorübergleiten, nach deren Glück und Zurückgezogenheit er sich sehnt, – es sind die Frauen. Fast meint er, dort bei den Frauen wohne sein besseres Selbst: an diesen stillen Plätzen werde auch die lauteste Brandung zur Todtenstille und das Leben selber zum Traume über das Leben. Jedoch! Jedoch! Mein edler Schwärmer, es giebt auch auf dem schönsten Segelschiffe so viel Geräusch und Lärm und leider so viel kleinen erbärmlichen Lärm! Der Zauber und die mächtigste Wirkung der Frauen ist, um die Sprache der Philosophen zu reden, eine Wirkung in die Ferne, eine actio in distans: dazu gehört aber, zuerst und vor Allem – Distanz!*[5] Nietzsche spricht aus Erfahrung, er weiß, dass sein Lebenswerk und seine ästhetische Grundversorgung durch den *erbärmlichen Lärm* zänkischer Frauen, etwa seiner Schwester, gefährdet werden.

Vielleicht erkannte Nietzsche aber auch, dass er zu unbeholfen, zu wenig selbstgewiss war, um sich in der realen Lebenswelt mit Frauen auseinander zu setzen. Diese Vermutung legt eine Sentenz aus *Ecce homo* nahe: *Man muss fest auf sich sitzen, man muss tapfer auf seinen beiden Beinen stehn, sonst kann man gar nicht lieben. Das wissen zuletzt die Weiblein nur zu gut: sie machen sich den Teufel was aus selbstlosen, aus bloss objektiven Männern.*[6] Ganz so philosophisch-objektiv war Nietzsche jedoch nicht. Hin und wieder erliegt er den Versuchungen der real existierenden Sinnlichkeit. Der Philosoph hielt sich nicht von Frauen fern, vielleicht auch nicht von Männern.[7] Er hat Frauen durchaus handfest berührt.

> *Nun ist die Zeit erhitzt, Brand ist ihre Luft – nun gehen alle nackend, Gute und Böse! ein Fest des Erkennenden ist diese Welt ohne Kleider. [...] Es wird mir so wohl! Ende aller Sitten und Heimlichkeiten.*
>
> **Nietzsche im Sommer 1883**

Man vermutet, dass Friedrich sich in Leipzig, wo er seit Oktober 1865 studierte, später aber in den Bordellen von Nizza oder Genua eine Syphilis zuzog.

Nietzsche fordert in seinem Werk immer wieder, sicherlich nicht ohne erotische Hintergedanken, die Legalisierung der Prostitution. Es wäre falsch zu glauben, dass er ein christliches Verhältnis zur Sexualität gehabt hätte. Im Gegenteil, er plädiert für einen aufgeklärten Umgang mit ihr. Damit reagiert er gegen die libidinösen Verklemmungen der bürgerlichen Gesellschaft, die er am eigenen Leib erfahren hat. Im *Antichrist* etwa tritt er für erotische Freizügigkeit ein: *Die Predigt der Keuschheit ist eine öffentliche Aufreizung zur Widernatur. Jede Verachtung des geschlechtlichen Lebens, jede Verunreinigung desselben durch den Begriff «unrein» ist die eigentliche Sünde wider den heiligen Geist des Lebens.*[8] Zeitlebens rennt Nietzsche gegen diese *Widernatur*, die das Christentum in die Gesellschaft installiert hat, an; er erkennt jedoch, dass er die Liebessemantik des 19. Jahrhunderts nicht außer Kraft setzen kann. Aufschlussreich ist hier ein Aphorismus aus der *Fröhlichen Wissenschaft* mit dem Titel *Von der weiblichen Keuschheit*. Nietzsche kritisiert die *Erziehung der vornehmen Frauen: Alle Welt ist darüber einverstanden, sie in eroticis so unwissend wie möglich zu erziehen und ihnen eine tiefe Scham vor dergleichen und die äusserste Ungeduld und Flucht beim Andeuten dieser Dinge in die Seele zu geben. [...] Und

nun! Wie mit einem grausigen Blitzschlage in die Wirklichkeit und das Wissen geschleudert werden, mit der Ehe – und zwar durch Den, welchen sie am meisten lieben und hochhalten: Liebe und Scham im Widerspruch ertappen, ja Entzücken, Preisgebung, Pflicht, Mitleid und Schrecken über die unerwartete Nachbarschaft von Gott und Thier und was Alles sonst noch! in Einem empfinden müssen! – Da hat man in der That sich einen Seelen-Knoten geknüpft, der seines Gleichen sucht! Selbst die mitleidige Neugier des weisesten Menschenkenners reicht nicht aus, zu errathen, wie sich dieses und jenes Weib in diese Lösung des Räthsels und in diess Räthsel von Lösung zu finden weiss, und was für schauerliche, weithin greifende Verdachte sich dabei in der armen aus den Fugen gerathenen Seele regen müssen [...]! Hinterher das selbe tiefe Schweigen wie vorher: und oft ein Schweigen vor sich selber, ein Augen-Zuschliessen vor sich selber.[9]
Diesen *Seelen-Knoten* kann auch Friedrich Nietzsche nicht lösen, die Sexualfeindlichkeit seiner Zeit ist immun gegen die Philosophenkritik. Für Nietzsche bedeutet dies, dass er seine intimsten Begierden nur im Geheimen ausleben kann. Komplikationen sind damit vorgegeben.

Erdmuthe Nietzsche, Friedrichs Großmutter. Anonymes Pastell

Friedrich Nietzsches verkrampftes Verhältnis zu Frauen gründet in der gesellschaftlichen Moral seiner Zeit und in seiner Kindheit.[10] Am 15. Oktober 1844 wird er in dem kleinen Dorf Röcken in der Nähe Leipzigs geboren. Nach dem Tod seines Vaters, des protestantischen Pastors Carl Ludwig Nietzsche, am 30. Juli 1849 siedelt die Familie 1850 nach Naumburg über. Dort wird er von sechs Frauen mehr oder weniger scharf unter Be-

Rosalie Nietzsche

obachtung genommen: der Mutter Franziska Nietzsche, der Schwester Elisabeth, der Großmutter Erdmuthe Nietzsche, den beiden unverheirateten Tanten Rosalie und Auguste Nietzsche. Vervollständigt wird das Sextett durch die Haushaltshilfe Wilhelmine Arnold, auch Mine genannt.

Die Frauenherrschaft und der frühe Tod des Vaters prägen den Knaben. Im Sommer 1864 schreibt Nietzsche, der seit 1858 das berühmte Internat Schulpforta besucht, eine aufschlussreiche, wenn auch knappe, Autobiographie mit dem Titel *Mein Leben*. Dort schätzt er sich selbst ein: *Von der frühsten Periode meiner Kindheit weiß ich wenig; was mir davon erzählt worden ist, erzähle ich nicht gern wieder. Sicherlich hatte ich vortreffliche Eltern; und ich bin überzeugt, daß gerade der Tod eines so ausgezeichneten Vaters, wie er mir einerseits väterliche Hülfe und Leitung für ein späteres Leben entzog, andrerseits die Keime des Ernsten, Betrachtenden in meine Seele legte. Vielleicht war es nun ein Uebelstand, daß meine ganze Entwicklung von da an von keinem männlichen Auge beaufsichtigt wurde*[11]. Den Vater verteidigt er in schwärmerischen Tönen, der Frauenhaushalt dagegen wird kritisiert. Dies verwundert nicht, wurde doch dort ein strenges christliches Regiment geführt. Auch als Nietzsche mit vierzehn Jahren nach Schulpforta übersiedelt, wird er weiterhin streng überwacht und auf die bigotten Naumburger Tugenden eingeschworen. Ein Briefentwurf seiner Tante Rosalie aus dem Jahr 1863 gibt darüber Auskunft: «[…] wie oft wird Dein Wille sich gehorsam beugen müßen in menschliche und göttliche Ordnung (nun d a s muß allerdings das ganze Leben hindurch seyn aber als Schüler wird doch das schwerer, nicht wahr?) und die Macht der Sinnlichkeit sollst Du durch die Macht des Geistes und ein frommes Gott e r g e b e n e s H e r z überwinden! Mein lieber Fritz o! dazu erbitte ich Dir G o t t e s S e g e n! Möge das Gefühl Seiner Nähe in Dir lebendig seyn und, wenn Dir A r b e i t , B e u g e n und Ü b e r w i n d e n gelingt, mögest Du dann gewiß sagen daß Dein treuer Gott und Herr Dir beigestanden, Dir geholfen hat!»[12]

Dieses Programm der Einübung eines guten Christenmenschen erfüllt Friedrich Nietzsche immer widerstrebender. In seinen Schriften wird er später die «menschliche und göttliche Ordnung» radikal zerstören. Konsequenterweise unterdrückt er die «Macht der Sinnlichkeit» nicht mehr nur christlich. Den sexuell-erotischen Überschuss lenkt der Philosoph auf andere Bahnen. Die Masken, die Nietzsche bei diesem Unternehmen trägt, sind vielgestaltig. So erprobt er im Verlauf seines Lebens die verschiedenen Formen der (wenn man so will) Triebabfuhr.

Seine erotischen Sublimierungen erscheinen allerdings zuweilen schwer nachvollziehbar, weil Nietzsche seine sinnlichen Bedürfnisse mit den anerzogenen Naumburger Verhaltensregeln ausbalancieren muss. Die Kollisionen kann er nicht immer rational überspielen. Von der strengen christlichen Erziehung erholt sich Nietzsche nie. Noch als erwachsener Mann glaubt er, vor allem wenn Mutter und Schwester im Spiel sind, die erlernten Muster aktivieren zu müssen. Die Umklammerungen der christlichen Moral sind, darüber sollte es keinen Zweifel geben, resistent in Nietzsche eingeschrieben. Er kann sich nicht aus ihnen lösen, versucht er es dennoch, so kommt es jedes Mal zu einer Katastrophe.

Eine Katharsis im psychoanalytischen Sinn ist hier nicht möglich, das erkennt niemand klarer als Friedrich Nietzsche selbst. Als siebzehnjähriger Pfortaschüler diagnostiziert er in den Osterferien 1862 in dem Aufsatz *Fatum und Geschichte* dieses Dilemma präzise: *[...] wir sind durch die Eindrücke unsrer Kindheit, die Einflüsse unsrer Eltern, unsrer Erziehung so in unserm Innersten bestimmt, daß jene tief eingewurzelten Vorurtheile sich nicht so leicht durch Vernunftgründe oder bloßen Willen herausreißen lassen. [...] das Gefühl der eignen Vermessenheit und Tollkühnheit: das alles kämpft einen unentschiedenen Kampf, bis endlich schmerzliche Erfahrungen, traurige Ereignisse unser Herz wieder zu dem alten Kinderglauben zurückführen.*[13] Der Schüler formuliert zukunftsahnend ein entscheidendes Problem: Vernunft und Wille haben gegen die *Macht der Gewohnheit* und der *Erziehung* keine Chance.

Der Pfortianer sucht trotzdem Auswege aus diesem zermürbenden Sittlichkeitsgefängnis, denn der Leidensdruck ist inzwischen fast unerträglich:

Ich weiß nicht, was ich liebe,
Ich hab nicht Fried, nicht Ruh
Ich weiß nicht, was ich glaube,
Was leb ich noch, wozu?[14]

Diese Krise kann er mit einer von nun an lebensnotwendigen Strategie mehr oder weniger erfolgreich abfangen. Er stürzt sich auf die antike Literatur[15], denn dort wird Sinnlichkeit in vielfältiger Weise ausgelebt. Schreibend und übersetzend nähert sich der Schüler dieser Welt, die doch so ganz entgegengesetzt zu der Naumburger steht. Er berichtet von seinen sinnlichen Bildungserlebnissen: *Zugleich erwuchs zunehmend meine Neigung für klassische Studien; ich gedenke mit der angenehmsten Erinnerung der ersten Eindrücke des Sophokles, des Aeschylos, des Plato vornehmlich in meiner Lieblingsdichtung, dem Symposion, dann der griechischen Lyriker.*[16] Dabei lernt er auch einen alles andere als christlichen Gott kennen: Dionysos, den Gott des Weines und des Rausches, auch des Sexuellen. Dieser begleitet Nietzsche – mit Unterbrechungen – wie ein Schatten. Über diesen Gott kann Nietzsche seine Sinnlichkeit schreibend ausloten – sicherlich nicht ausleben. So auch kurz vor seinem geistigen Zusammenbruch im Januar 1889, als Nietzsche sich in die Gefolgschaft von Dionysos einreiht: *Ich bin ein Jünger des Philosophen Dionysos, ich zöge vor, eher noch ein Satyr zu sein als ein Heiliger.*[17]

Philosophierend, dichtend und musizierend gelingt es Nietzsche über mehrere Jahrzehnte hinweg, seine sinnlichen Begierden unter Kontrolle zu halten. Schreiben ist für ihn lebensnotwendig geworden. Am 1. Juli 1877 weist er in einem Brief an Malwida von Meysenbug auf diese existentielle Notwendigkeit hin: *Diese Dinte ist schrecklich, und ich habe sie mir eigens kommen lassen! Aber man hat sie gefälscht, alle Lebensmittel sind in der ganzen Welt unecht und Dinte ist doch für uns ein Lebensmittel!*[18]

Erstaunliches produziert schon der knapp achtzehnjährige Pfortianer am Schreibpult, diesmal losgelöst von den griechischen Vorbildern. Am 28. Juli 1862 sendet Nietzsche seinem Mitschüler Raimund Granier in einem Brief ein Novellenfragment [19] zu. Es trägt den Titel *Euphorion*[20]. Hier ist jedoch nicht die Rede vom himmelstürmenden Euphorion, wie ihn etwa Goethe im «Faust II» vorstellt. Im Gegenteil. Nietzsche befindet sich in einer handfesten Krise, weil die literarische Produktion nur noch zum Toilettenpapier taugt: *In meiner Stube ist es todtenstill – meine Feder kratzt nur auf dem Papier – denn ich liebe es schreibend zu denken [...]. Vor mir ein Tintenfaß, um mein schwarzes Herz drin zu ersäufen, eine Scheere um mich an das Halsabschneiden*

Schulpforta: Kirche und Schulhaus, um 1850

zu gewöhnen, Manuscripte, um mich zu wischen und ein Nachttopf. Mir gegenüber wohnt eine Nonne, die ich mitunter besuche um mich an ihrer Sittsamkeit zu erfreuen. Sie ist mir sehr genau bekannt, von Kopf bis zur Zehe, genauer als ich mir selber. Früher war sie Nonne, dünn und schmächtig – ich war Arzt und machte daß sie bald dick wurde. Hier kann der Leser einen Blick in Nietzsches Dunkelkammer werfen – ohne antike Maske, ohne Täuschung, ohne Hemmung. Der depressive Stubenhocker, der dem Selbstmord nahe ist, vernascht kurzerhand im medizinisch-fiktiven Tarnmäntelchen eine Nonne. Solch eine Phantasie ist für einen wohlerzogenen Pfarrerssohn skandalös. Aber noch nicht genug. Der Bruder der frommen Dame wird missbraucht, bis zur finalen Erschöpfung: *Mit ihr wohnt ihr Bruder zusammen in zeitlicher Ehe, der war mir zu fett und blühend, den habe ich mager gemacht – wie eine Leiche. Er wird in diesen Tagen sterben – was mir angenehm – denn ich werde ihn secieren.* Die gleichgeschlechtliche Liebe wird von Nietzsche immer wieder thematisiert, nicht umsonst schwärmt er etwa von Platons «Symposion» in den höchsten Tönen. Allerdings mischt Friedrich Nietzsche in seinem *Euphorion* dem platonischen Liebesideal eine gehörige Portion

Alfred Hrdlicka: Nietzsche will kein Fleisch essen, 1985

sadistischer Phantasien bei. Das Fragment bietet noch weitere Einblicke in sein Innenleben. *Euphorion* wird von Schmerzen geplagt, er *stöhnte, denn er litt an der Rückenmarksdarre.* Das ausgetrocknete Mark ist, so will es das damals gängige Vorurteil, ein Zeichen für ausgiebig betriebene Onanie.

Die sexuellen Experimente Nietzsches werden jedoch von seinem protestantischen Gewissen abgefangen. Nachdem er *das erste Kapitel geschrieben hatte,* so berichtet er Granier, warf er es *vor Ekel über Bord*[21]. Etwas anderes bietet er dem Freund dafür im selben Brief noch an, zwei Kirchenlieder. Eine Strophe gibt Auskunft über den sündengebeutelten Seelenzustand des Schülers, der sich wieder Gott zuwenden will:

> *Ich fühl' ein Grauen*
> *Vor der Sünden*
> *Nachtgründen*
> *Und mag nicht rückwärts schauen.*
> *Kann dich nicht lassen.*

In Nächten schaurig,
Traurig
Seh ich auf dich und muß dich fassen.[22]

Friedrich Nietzsche wird in den folgenden Jahren jedoch immer wieder schwach. Vielleicht liegt es daran, dass er sich, wenn es um das andere Geschlecht geht, zuweilen überschätzt, so etwa in einer grotesk anmutenden Passage in *Ecce homo*: *Darf ich anbei die Vermuthung wagen, dass ich die Weiblein kenne? Das gehört zu meiner dionysischen Mitgift. Wer weiss? vielleicht bin ich der erste Psycholog des Ewig-Weiblichen. Sie lieben mich Alle – eine alte Geschichte: die verunglückten Weiblein abgerechnet, die «Emancipirten», denen das Zeug zu Kindern abgeht. – Zum Glück bin ich nicht Willens mich zerreissen zu lassen: das vollkommne Weib zerreisst, wenn es liebt ... Ich kenne diese liebenswürdigen Mänaden ... Ah, was für ein gefährliches, schleichendes, unterirdisches kleines Raubthier! Und so angenehm dabei!*[23] In der Folge wird sich zeigen, wie Nietzsche sich wirklich verhält.

Liebesverhandlungen:
Auf der Suche nach dem
«Feenweibchen»

Am 13. Mai 1877 berichtet Friedrich Nietzsche seiner mütterlichen Freundin Malwida von Meysenbug von einem erfreulichen Erlebnis im Zugabteil: *Die ganze Reise von Genua nach Mailand machte ich mit einer sehr angenehmen jungen ballerina eines Mailänder Theaters zusammen; Camilla era molto simpathica, o Sie hätten mein Italiänisch hören sollen. Wäre ich ein Pascha gewesen, so hätte ich sie mit nach Pfäffers genommen, wo sie mir, bei der Versagung geistiger Beschäftigungen, etwas hätte vortanzen können. Ich bin immer noch von Zeit zu Zeit ein bischen ärgerlich über mich, dass ich ihretwegen nicht wenigstens ein paar Tage in Mailand geblieben bin.*[24] Es ist bezeichnend für Nietzsche, dass er im Konjunktiv redet. Sobald ihm eine Frau gefällt, fehlt ihm in der Regel der Mut, zur Tat zu schreiten. Bringt er ihn dagegen auf, dann geschieht Erstaunliches.

Gehemmt ist schon sein erstes Gastspiel auf weiblichem Terrain. Im Spätsommer 1863 wandelt der achtzehnjährige Schüler auf Freiersfüßen. Am 29. August deutet er Mutter und Schwester vorsichtig Amouröses an: *Donnerstag Nachmittag war Bergtag bei dem angenehmsten Wetter der Welt. Schade daß ihr nicht da ward, es war sehr hübsch und amüsant. Ich habe leidlich viel getanzt. Frau Geheimeräthin Redtel war da alsam ihren Töchtern. Ich werde sie öfter besuchen, da ich eingeladen bin und es sehr liebenswürdige Menschen sind.*[25] Der junge Tänzer ist vor allem von der Tochter Anna Redtel[26], der Schwester eines Mitschülers, angetan. Der entflammte Nietzsche registriert sofort, dass Anna musikalisch interessiert ist. Immerhin gelingt es ihm wenig später, mit der Auserwählten zu musizieren. Eine gewisse Vertraulichkeit stellt sich zwischen beiden ein. Das ermutigt ihn, einen weiteren Schritt zu wagen. Nietzsche möchte Anna eine Sammlung Kompositionen schenken. Deshalb

Friedrich Nietzsche, 1864

bittet er seine Schwester schriftlich, ihm entsprechendes Notenmaterial zu senden. Aber erst am Ende des Briefes rückt der Verliebte mit seiner Bitte heraus, wohl wissend, dass Schwester und Mutter dieses Techtelmechtel missbilligen werden: *Lisbeth, bitte, besorge mir beides ja recht hübsch von Domrich und schicke es mir ja Dienstag heraus. Es ist für Fräulein Anna Redtel. Ich habs versprochen. Bitte!*[27] Elisabeth ignoriert diesen Wunsch. Nietzsche reagiert mit einem sarkastischen Brief, der

Elisabeth Nietzsche als Konfirmandin in Naumburg

seine Verletzung offen legt: *Also förmlich entsetzt bist du gewesen, weil ich nicht wie gewöhnlich über schmutzige Strümpfe, allerlei Wünsche meines Magens und meiner Kasse und ähnliche saubere Gegenstände, die dir meine Briefe immer so theuer machen, geschrieben habe, sondern weil ich in einem Selektatöchterschulenstyl, in sentimentalen, haarsträubenden Phrasen, den Wunsch aussprach, mir einige Noten zu besorgen: gewiß ein bescheidener Wunsch, der mir aber doch nicht in Erfüllung gegangen.*[28] Elisabeth Nietzsche wird in den folgenden Jahrzehnten immer wieder aus Eifersucht die Liebesverhandlungen des zunächst abgöttisch verehrten Bruders blockieren.

Schließlich schenkt er Anna seine eigenen Kompositionen. Die lässt er fein säuberlich einbinden und fügt eine Widmung an das Fräulein bei. Artig bedankt sich Anna für die Gabe: «Unmöglich kann ich verreisen ohne Ihnen vorher meinen herzlichsten Dank gesagt zu haben für das mir von Ihnen so freundlich zugedachte Notenheft. Da mir aber der mündliche

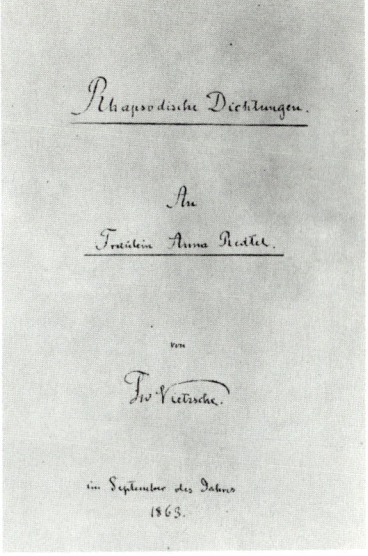

Titelblatt der «Rhapsodischen Dichtungen»

Weg versagt ist, so sollen Ihnen diese Zeilen schriftlich versichern, wie herzlich ich mich darüber gefreut habe und daß ich noch oft und gern mich der schönen Stunden mit Ihnen zusammen verlebt erinnern werde. Ein herzliches Lebewohl ruft Ihnen Anna Redtel»[29]. Damit ist Friedrich Nietzsches erster Versuch gescheitert. Er verarbeitet seine Enttäuschung in einigen lyrischen Sequenzen. So verfasst er im Dezember 1863 das Gedicht *Erster Abschied*, die letzte der sechs Strophen gibt Auskunft über sein Befinden:

Ein Jahr hat man begraben,
Neujahr ist vor der Thür.
Man hat mein Herz begraben,
Und niemand fragt nach mir.[30]

Der einsame Schüler, dessen Liebeswünsche *begraben* wurden, weiß fortan, wer seine Gegner sind, wenn Frauen ins Spiel kommen: Mutter und Schwester. Nietzsche wird vorsichtiger. So erfahren die beiden Naumburger Damen nichts von einer skandalösen Schwärmerei des jungen Mannes: Er studiert inzwischen in Leipzig, in seiner Freizeit besucht er regelmäßig das Theater, dort feiert die umjubelte Schauspielerin Hedwig Raabe ihre größten Erfolge. Der Student bleibt von ihren Künsten

Hedwig Raabe

nicht unberührt. Im Juni 1866 schreibt der Verehrer ihr einen Brief, wobei nicht sicher ist, ob er ihn auch abgeschickt hat. Aufschlussreich ist dieses Dokument, weil es zeigt, wie gekünstelt und zweideutig sich Friedrich auf verbotenem Gebiet bewegt: *Mein erster Wunsch ist, daß Sie die unbedeutende Widmung unbedeutender Lieder mir nicht übeldeuten. Es liegt mir nichts ferner als Sie etwa durch diese Widmung auf meine Persönlichkeit aufmerksam machen zu wollen. Wenn andre Leute durch Hand und Mund im Theater ihr Entzücken kundgeben, thue ich es durch ein paar Lieder; andre mögen in Gedichten noch besser sich verständigen. [...] Sie dürfen nicht meinen, als ob diese Huldigungen Ihrer sicher höchst edlen und liebenswürdigen Natur dargebracht würden. Im Grunde verehre ich und sicherlich alle mit mir Ihre Darstellungen [...]. Was kann Ihnen an augenblicklichen Erfolgen, an dem stürmischen Beifall einer aufgeregten Menge liegen. Aber zu wissen, daß viele aus dieser Menge eine heilbringende Erinnerung mit sich forttragen, daß viele, die das Leben und die Menschen trübe genug anblicken, jetzt mit hellerem Gesicht und freundlicher Hoffnung weitergehen – dies muß ein überaus beglückendes Gefühl sein. Es ist schließlich mein Wunsch, daß*

Sie auch aus den Tönen der beiliegenden Lieder diese warmen und dankbaren Empfindungen heraushören mögen.[31] Umständlich verdeckt Nietzsche seine Wünsche: Wenn er Hedwig Raabe zweimal darauf hinweist, dass es nicht um seine Person ginge, möchte er vielmehr auf sich aufmerksam machen. Wieso sollte er ihr sonst einige Lieder widmen, die nicht überliefert sind? Die Schauspielerin dürfte sich, falls sie diesen Brief jemals in die Hände bekam, geschmeichelt gefühlt haben. Aber der Student wahrt die Distanz. Nur schreibend, nur dichtend, vermag er sich der Künstlerin zu nähern.

Kurios und durchaus handfest dagegen ist sieben Jahre später die Begegnung mit Rosalie Nielsen[32], einer gebürtigen Dänin. Als engagierte Anhängerin des italienischen Revolutionärs Giuseppe Mazzini war die emanzipierte Dame im Gefängnis gelandet. Nach diesem gescheiterten republikanischen Versuch entdeckt sie Nietzsches Kunstreligion aus der *Geburt der Tragödie*. Sie ist hemmungslos vom dionysischen Menschen begeistert. Sie, die ungepflegt und verwirrt durch Leipzig streicht, hält sich für eine dionysische Inkarnation. Zu ihrem Glück fehlt ihr nur noch der Verkünder der antik-modernen Lehre, Nietzsche. Der ist inzwischen Professor für klassische Philologie in Basel. Zwischen beiden kommt es zum Treffen. Die genauen Umstände der Begegnung sind unbekannt; man weiß aber, dass Rosalie den Philosophen arg bedrängt hat. Friedrich gibt der entflammten Jüngerin einen Korb. Am 17. Juni 1873 verfasst sie einen energischen Abschiedsbrief: «N i e m a l s hat mich je ein M e n s c h auf Erden so e r k a n n t und v e r k a n n t wie Sie. Selten oder nie mich Jemand so e r f r e u t und mir so w e h gethan. Sie haben das e r s t e und l e t z t e Band zerrissen was mich an Deutschland band – ich werde gehen, dachte wohl es solle so sein. – I n n e r l i c h wird das was ich dachte, wollte, nie zerreißen, aber die Ausführung ist e i n f a c h – unmöglich. – Der s c h ö n e v e r s t e i n e r t e, z e r r i s s e n e D i o n y s o s den Sie mir gaben wird mir überall folgen. Betrachten Sie z u w e i l e n den l e b e n s m u t h i g e n, s i e g r e i c h e n Jüngling Dionysus – den ich Ihnen brachte. – Den s e h e i c h n i e w i e d e r! – Leben Sie wohl, und

Rosalie Nielsens Brief an Nietzsche vom 17. Juni 1873.
Vorder- und Rückseite

mögen Ihre Augen bald geheilt werden.»[33] Offenbar konnte sich Rosalie nicht mit dem Geschenk, einer Fotografie des Dionysoskopfes, zufrieden geben. Sie wollte sich vielmehr in der Gestalt des «siegreichen» Dionysos dem Angehimmelten anbieten. Doch der, so vermuten seine Biographen, wies der Dame, von deren Hässlichkeit er entsetzt war, die Tür.

Die Verstoßene konnte, trotz aller Schmach und trotz des Abschiedsbriefs, zunächst nicht vom Philosophen lassen. Es kommt, so nimmt man an, noch zu zwei weiteren Begegnungen. Nietzsche wird, weil er der Sache nicht gewachsen ist, von seinem Freund Franz Overbeck, Professor für Theologie in Basel, unterstützt. Der betreibt dann die «widrige Exekution»[34] Nielsens, also den Rauswurf. Die wiederum rächt sich: Rosalie Nielsen deutet an, sie besitze beträchtliche Geldsummen, damit wolle sie den Verlag Fritzsch, den Publikationsort Nietzsches, kaufen. Der fällt auf die Finte herein. Friedrich Nietzsche konstruiert, als ob er nichts Wichtigeres zu tun hätte, ein seltsam anmutendes Intrigengebäude, und seine Freunde bestärken obendrein fleißig seine Verdächtigungen. So berichtet er Erwin Rohde am 18. Oktober 1873 Folgendes aus seiner Detektivzentrale: *Inzwischen ist eine andre Sache ins Gigantische und recht eigentlich über unsere Köpfe gewachsen. Auch brieflich ist es nur erlaubt, von ihr zu munkeln, nicht deutlich zu reden. Es besteht, wie Overbeck und ich des Festesten überzeugt sind, eine unheimliche Machination, um den – – – Leipz. Verlag in die Hände der Internationalen zu bringen. [...] Dem scharfsinnigen Kritiker E. R. liegt nicht der ganze Apparatus criticus vor. (nämlich Briefe und Aussagen des weiblichen Gespenstes R[osalie] N[ielsen]).*[35] Die *unheimliche Machination* spielt sich letztlich nur im Kopf des Professors ab – auch eine Methode, um vor dem leibhaftigen Einbruch des Dionysischen zu fliehen.

Nachdem die lästige Nielsen-Affäre ausgestanden ist, spielt Nietzsche wenige Monate später mit dem Gedanken zu heiraten. Seiner Schwester berichtet er Folgendes: *Als Curiosum noch die Mittheilung, dass ich neulich Abends einmal fast entschlossen war, Fräulein Rohr zu heirathen; so gut hatte sie mir gefallen.*[36] Berta Rohr stammte aus einer gutbürgerlichen, erfolgreichen Kaufmannsfamilie in Basel.[37] Nietzsche fand an Berta Gefallen, weil sie sehr musikalisch war, obendrein ungemein hübsch. Der Professor nimmt jedoch schnell Abstand von seinem Plan. Er weiß, dass er einen Korb bekommen würde, zumal das Fräulein in Gesellschaft ständig betont, dass sie nie heiraten wolle.

Im April 1876 schreitet Nietzsche dann endlich zur Tat. Vielleicht nimmt er sich, das könnte eine Erklärung für den überstürzten Vorstoß sein, Overbecks Rat zu Herzen. Der Freund steht kurz vor der Heirat mit Ida Rothpletz, darüber wird Friedrich am 4. April unterrichtet: «[...] Du kannst es Dir denken, aber man kann schliesslich nicht immer so aus der Welt leben, wie ich zur Zeit hier thue und Dank meiner lieben Braut thun muss. Ich kann dir nur sagen, such' Dir auch eine solche, und lass Dich neben Anderem auch dieses Ziel zur Gesundheit reizen.»[38] Objekt von Nietzsches Begierde ist Mathilde Trampedach.[39] Er lernt das Mädchen in Genf kennen. Sie und ihre jüngere Schwester halten sich dort auf, um bei Hugo von Senger Klavier zu studieren. Der Musiklehrer macht den Philosophen mit den jungen Damen bekannt: Das dreiundzwanzigjährige Fräulein Mathilde gefällt ihm ausnehmend gut. Schließlich unternehmen Nietzsche und Senger in Begleitung der Schwestern und der Pensionsdame einen Ausflug, eine Spazierfahrt um den See. Das junge Fräulein hört ehrerbietig den Gesprächen der beiden Männer zu, bekundet schließlich Interesse an dem gelehrten Dialog. Dieser Eifer imponiert Nietzsche, er schöpft Mut. Der Betörte kann nicht ahnen, dass Mathilde insgeheim eine stille Leidenschaft für Senger hegt. Drei Jahre später wird sie ihren Lehrer heiraten.

Haben Sie das Feenweibchen gefunden, welches mich von der Säule, an welche ich angeschmiedet bin, losmacht?
Nietzsche an Malwida von Meysenbug, 3. September 1877

Es kommt zu einem dritten, abschließenden Treffen Nietzsches mit der Musikschülerin. In der Pension angelangt, setzt sich der Verliebte ans Klavier und gibt, wie Mathilde Trampedach später zu berichten weiß, sein Bestes. Anschließend verabschiedet man sich artig. Umso größer ist ihre Verwunderung, als sie zwei Tage später, trotz der Vorwarnung

Mathilde Trampedach

von Sengers, den Friedrich Nietzsche in seinen Plan eingeweiht hat, am 11. April einen schriftlichen Heiratsantrag erhält: *Nehmen Sie allen Muth Ihres Herzens zusammen, um vor der Frage nicht zu erschrecken, die ich hiermit an Sie richte: Wollen Sie meine Frau werden? Ich liebe Sie und mir ist es als ob Sie schon zu mir gehörten. Kein Wort über das Plötzliche meiner Neigung! Wenigstens ist keine Schuld dabei, es braucht also auch nichts entschuldigt zu werden. Aber was ich wissen möchte, ist ob Sie ebenso empfinden wie ich – dass wir uns überhaupt nicht fremd gewesen sind, keinen Augenblick! Glauben Sie nicht auch daran, dass in einer Verbindung jeder von uns freier und besser werde als er es vereinzelt werden könnte, also excelsior? Wollen Sie es wagen mit mir zusammen zu gehen, als mit einem, der recht herzlich nach Befreiung und Bes-*

serwerden strebt? Auf alle Pfade des Lebens und des Denkens? Nun seien Sie freimüthig und halten Sie nichts zurück. Um diesen Brief und meine Anfrage weiss niemand als unser gemeinsamer Freund Herr von Senger. Ich reise morgen um 11 Uhr mit dem Schnellzuge nach Basel zurück, ich muss zurück; meine Addresse für Basel lege ich bei. Können Sie auf meine Frage Ja! sagen, so werde ich sofort Ihrer Frau Mutter schreiben, um deren Addresse ich Sie dann bitten würde. Gewinnen Sie es über sich, sich schnell zu entschliessen, mit Ja! oder Nein – so trifft mich ein briefliches Wort von Ihnen bis morgen um 10 Uhr Hôtel garni de la Poste.[40] Dieser Überraschungsangriff kann Mathilde Trampedach nur verwirren. Nietzsche verbrachte mit ihr nur ein paar Stunden, und schon erhält sie einen Liebesbrief. Dieses Verhalten ist typisch für den Philosophen. Es spiegelt seine Unsicherheit im Umgang mit Frauen, die ihn interessieren, pointiert wider. Er verhält sich derart spontan, dass seine Vorgehensweise nur als skurril und wirklichkeitsfremd bezeichnet werden kann. Nietzsche fordert Mathilde Trampedach sogar ultimativ auf, sich innerhalb kürzester Zeit zu entscheiden. Das ist alles andere als höflich. Obendrein flieht er nach Basel. Seine Entschuldigung, er müsse dringend abreisen, enttarnt seine Angst, vor die Angebetete zu treten.

Mathilde Trampedach antwortet ihm, dieser Brief ist allerdings nicht erhalten, so viel ist jedoch sicher: Der Freier bekommt einen Korb. Friedrich reagiert auf die Absage: *Sie sind grossmüthig genug, mir zu verzeihen, ich fühle es aus der Milde Ihres Briefes heraus, die ich wahrhaftig nicht verdient hatte. Ich habe so viel im Gedenken an meine grausame gewaltsame Handlungsweise gelitten, dass ich für diese Milde Ihnen nicht genug dankbar sein kann. Ich will nichts erklären und weiss mich nicht zu rechtfertigen. Nur hätte ich den letzten Wunsch auszusprechen, dass Sie, wenn Sie einmal meinen Namen lesen oder mich selber wiedersehen sollten, nicht nur an den Schrecken denken möchten, den ich Ihnen eingeflösst habe; ich bitte Sie unter allen Umständen daran zu glauben, dass ich gerne gut machen möchte, was ich böse gemacht habe.*[41] Die junge Dame scheint einen gehörigen Schreck bekommen zu haben. Für Nietzsche ist der Fall Mathilde Trampedach damit erledigt. Noch am selben Tag schreibt er seinem Freund Carl von Gersdorff einen Brief, in welchem er einen Schlussstrich – allerdings einen vorläufigen – unter das leidige Ehekapitel zieht: *Zehntausendmal lieber immer allein bleiben – das ist jetzt meine Losung in dieser Sache.*[42]

Aber schon vier Monate später unternimmt der Verschmähte ansatzweise einen neuen Versuch auf diesem schwierigen Terrain. Der ist von vornherein zum Scheitern verurteilt. Die Kandidatin, Louise Ott[43], ist verheiratet. Nietzsche lernt sie bei den ersten Bayreuther Festspielen im August 1876 kennen. Louise Ott, eine Deutschbaltin, war gebildet, sehr musikalisch und wie Nietzsche auch Wagner-Verehrerin. Zwischen beiden entwickelt sich ein vertrauliches Verhältnis. Das stört die Schwester Nietzsches, sie ist eifersüchtig auf die vermeintliche Nebenbuhlerin. Sofort findet sich eine Gelegenheit, Louise Ott herabzusetzen: Nietzsche bestellt beim Buchhändler ein Buch, das ihm die neue Freundin empfiehlt, vergisst jedoch, es abzuholen. Als Elisabeth Nietzsche einige Tage später in den Laden kommt, muss sie den Band bezahlen und ist verärgert. Anlass genug, Louise Ott, die angeblich auch von Gersdorff als zu «coquette» eingestuft wird, zu kritisieren: «Ich habe mich über Frau Ott noch sehr gegrämt denn ich mußte bei Giessel noch 12 Mark für das Buch zahlen was mir hart ankam.»[44] Der Bruder ignoriert die Krittelei, sie erschien ihm sicherlich zu kleinlich. Jahre später werden ihn die hinterhältigen Eifersuchtsattacken der Schwester fast in den Selbstmord treiben.

Zurück zu dem geistesverwandten Paar: Nachdem beide aus Bayreuth abgereist sind, sie nach Paris, er nach Basel, schreibt Nietzsche ihr kurz darauf einen Brief. Dessen Inhalt zeigt, wie der Schmachtende diesmal mit dem Problem fertig wird, nämlich souverän und sublimer: *Meine liebe Frau Ott, es*

> *Wirklich himmlisch ist der Gedanke, Dich und die Bayreuther in einer Heiraths-Überlegungs-Commission zusammen sitzend zu denken! Ja-a-a-aaber! muss ich da doch auch sagen, besonders wenn es auf den Rath hinausläuft, es gäbe viele Weiber, das rechte zu finden sei meine Sache. Soll ich denn wie ein Ritter einen Kreuzzug durch die Welt machen, um nach jenem von Dir so gelobten Lande zu kommen?*
> **Nietzsche an Carl von Gersdorff, 1. Juni 1874**

wurde dunkel um mich, als Sie Bayreuth verliessen, es war mir als ob jemand das Licht mir weggenommen hätte. Ich musste mich erst wiederfinden, aber das h a b e ich gethan, und Sie können ohne Besorgniss diesen Brief in Ihre Hand nehmen. Wir wollen an der Reinheit des Geistes festhalten, der uns zusammenführte, wir wollen in allem Guten uns gegenseitig treu bleiben. Ich denke mit einer solchen brüderlichen Herzlichkeit an Sie, dass ich Ihren Gemahl lieben könnte, weil er I h r G e m a h l ist.[45] Friedrich Nietzsche erkennt, dass hier nur eine platonische Beziehung möglich ist. Louise Ott weiß das zu schätzen: «Ihre Worte, die so edel, rein und treu zu mir herüberklingen konnten nicht anders als tief und stark in mein Herz dringen. Ich war so glücklich! Wie gut, daß es nun zu einer treuen, gesunden Freundschaft zwischen uns kommen kann, so daß wir so recht vom Herzen, ohne dass unser Gewissen es uns verbietet, Eines an das Andere denken können. Haben wir doch das Beste uns noch gegenseitig zu geben: Herz und Geist! Ihre Augen kann ich aber nicht vergessen: immer ruht Ihr liebevoller tiefer Blick auf mir wie damals»[46]. Die «gesunde Freundschaft» funktioniert nur in der Distanz, eben schreibend. Beide wissen, dass dies der einzige Weg ist, um miteinander umzugehen.

So schenkt ihr Nietzsche, gedacht als geistige Nahrung, seine *Unzeitgemäßen Betrachtungen*. Louise Ott bedankt sich überschwänglich: «Wie werde ich Worte finden, um meine Freude, die ich bei Empfang Ihres schönen Buches empfunden, aussprechen zu können? Ich werde es gar nicht versuchen. Sie müssen mich so – ohne Worte – verstehen! Mein Herz wurde warm, so warm ich mußte laut aufweinen und doch war es nur Glück! Mein Freund – Mein Freund! Ich möchte m i t Ihnen, Ihr Werk lesen […]. Wissen Sie, daß ich eine Christin bin? Ich finde meine Bibel schön, rein und groß! […] Von meiner Kindheit auf, habe ich nur Gutes und Schönes über meine Religion gehört»[47]. Louise Ott hätte eigentlich aus den *Unzeitgemäßen Betrachtungen* lernen können, dass Nietzsche mit der Religion nichts mehr zu schaffen hatte. Aber offenbar ist sie von dem Geschenk so überwältigt, dass sie überhaupt nicht in der Lage ist, das Buch konzentriert zu lesen. Nietzsche antwortet ihr dennoch voller Tatendrang: *[...] diese neue Freundschaft ist wie neuer Wein, sehr angenehm, aber ein wenig gefährlich vielleicht. Für mich jedenfalls. – Aber auch für Sie, wenn ich denke an was für e i n e n F r e i g e i s t Sie da geraten sind! An einen Menschen, der nichts mehr wünscht als täglich irgend einen beruhigenden Glauben zu verlieren, der in dieser täglich grösseren Befreiung des Geistes sein Glück sucht und findet. Vielleicht dass ich sogar noch mehr Freigeist sein w i l l als ich es sein k a n n! Was sollen wir nun machen? Eine «Entführung aus dem Serail» des Glaubens, ohne Mozartische Musik?*[48] Selbstverständlich entführt der enthusiastische Nietzsche Louise Ott nicht aus den Fängen ihrer Ehe, das wäre undenkbar. Denn auch der Freigeist *kann*, das betont er ausdrücklich, die Freundin nicht gegen jede Konvention für sich erobern. Ganz davon abgesehen, dass Friedrich Nietzsche für ein solch praktisches Unternehmen denkbar ungeeignet gewesen wäre. Sein Vorschlag ist letztlich nur ein Phantasieprodukt, jedoch eines, das zeigt, dass er von dem lockeren, ungezwungenen Umgangston des *schönen blonden Weibchens*[49] ganz real angetan war.

Erstaunlich schnell distanziert sich Nietzsche von Louise Ott. Er hat andere Pläne: Er möchte mit seinen Freunden Paul Rée, Albert Brenner und Malwida von Meysenbug in Sorrent mehrere Monate in einer Art Philosophengemeinschaft verbringen. Zunächst reist er wenige Tage nach dem furiosen Brief an Ott am 1. Oktober 1876 mit Rée von Basel nach Bex im Wallis, dort verbringen die beiden in einem abgelegenen Hotel arbeitsreiche, aber auch müßige Stunden. Von Bex fahren sie am 19. Oktober weiter nach Genf.

Noch am selben Tag macht sich Nietzsche zusammen mit Brenner auf die Bahnreise nach Genua. Rée folgt am nächsten Tag. Während der Zugfahrt lernt Nietzsche bei dem gemeinsamen Versuch, ein Luftkissen aufzublasen, Isabella von Pahlen (später von Ungern-Sternberg) und die Baronin Claudine von Brevern kennen. Er ist begeistert, die Damen ebenfalls. Im Bahnabteil wird angeregt über Freigeisterei diskutiert. Man trennt sich schließlich in Genua, trifft sich in Pisa wieder, Briefe werden gewechselt. Wie nachdrücklich die Begegnung mit Nietzsche auf die adeligen Damen gewirkt haben muss, zeigen folgende Briefausschnitte aus dem gemeinsamen Brief der Freundinnen an den Reisebegleiter. Als Erste kommt die Baronin von Brevern zu Wort. Sie diagnostiziert eine Seelenverwandtschaft: «Um einen Menschen kennen zu lernen, braucht man zehn Jahre oder zehn Minuten, sagte Mme de Staël; unsere flüchtige Reisebekanntschaft, Herr Professor, währte kaum mehr als die verlangten zehn Minuten. Sollte es mir, trotzdem, nicht gestattet sein, zu behaupten und anzunehmen, daß wir uns recht gut kennen gelernt, und darauf füßend es wagen mich durch diese Zeilen in ihr Gedächtniß zurück zu rufen?»[50] Auch die junge Isabella von Pahlen ist von dem Freigeist entzückt: «Was soll ich Ihnen, Herr Professor, nach meiner verehrten Freundin noch sagen? Nichts als daß ich lebhaft wünsche, Sie baldmöglichst [...] als Fixstern an meinem Horizonte auftauchen zu sehn, nachdem Sie zweimal als Meteor oder Sternschnuppe an mir vorüber geblitzt

Isabella von Pahlen

sind.»[51] Sie soll Nietzsche jedoch erst wiedersehen, als er schon in geistiger Umnachtung vor sich hin vegetiert. 1902 verfasst Isabella, die sich intensiv mit Graphologie beschäftigt, eine Studie über den Philosophen: «Nietzsche im Spiegelbild seiner Schrift».

Nietzsche findet endlich am 16. Dezember 1876 wieder Zeit, sich bei Louise Ott zu melden: *Sie sind mir hoffentlich, meine verehrte Freundin, gut geblieben, ob ich Ihnen schon so lange Zeit jede Auskunft über meinen Aufenthalt und mein Ergehen schuldig blieb.*

Aber allen meinen Freunden ging es so wie Ihnen, ich konnte und durfte nicht anders – meine unerträglichen Kopfschmerzen, gegen welche ich kein Mittel bewährt gefunden habe, zwingen mich zu einer stillschweigenden Entsagung im freundschaftlichen Verkehre.[52] Friedrich Nietzsche lügt, denn in den vorangegangenen drei Monaten führte er einen regen Briefwechsel mit seinen Freunden. Louise Ott antwortet ihm im Januar 1877. Erst fast sechs Jahre später, im November 1882, meldet sich der Abtrünnige wieder mit einem Wunsch: *Verehrungswürdige Freundin, Oder darf ich nach sechs Jahren d i e s e s Wort nicht mehr gebrauchen? [...] ich glaube wieder an das Leben, an die Menschen, an Paris, sogar an mich selber – und will in kurzer Zeit S i e wiedersehen. [...] Wissen Sie durch Zufall etwa von einem Zimmer, das für mich paßt? Es müßte ein t o d t e n s t i l l gelegenes, sehr einfaches Zimmer sein. Und nicht gar zu ferne von Ihnen, meine Liebe Frau Ott.*[53] Louise Ott fühlt sich geschmeichelt, der Verlorengeglaubte will sie in Kürze wiedersehen. Die Ankündigung Nietzsches verspricht etwas Bewegung in ihrem eintönigen Alltag. Sie antwortet prompt: «Ihr Brief, mein Freund, ist mir wie eine Auferstehung. Alles war seit 6 Jahren verklungen und lebt wieder auf. Für diese Freude herzlichen Dank. [...] Ich habe Angst, in unserer Nähe nichts für S i e finden zu können: jeden Tag nimmt die Stille ab und die Nächte werden zu Tagen. Doch s u c h e n w e r d e ich.»[54] Und wieder wird sie enttäuscht. Der unstete und unentschlossene Philosoph teilt ihr bereits wenige Tage später mit, dass er erst in ein paar Monaten kommen könne. Am selben Tag setzt er Gersdorff über seine neuesten Reisepläne in Kenntnis: *[...] heute Nacht geht es wieder südwärts, zu meiner Residenz Genua. Mir bekommt Norden und Winter nicht – ich habe die Pariser Pläne zurückgelegt (trotzdem daß Mad. Ott mir vorgestern Blumen schickte).*[55] Nietzsche schenkt Louise Ott als Trost eine Fotografie von sich, über die sich die Ott fast unmäßig freut: «Von diesem Bilde kann ich mich nicht trennen. Wie ausgezeichnet ist es! wie gut! So ganz, mein Freund, wie ich Sie sah – – dans le regard un monde. Was trifft hier meines Freundes Sehn? Die Menschheit? Oh! nicht wahr, dies Aug' wird sich nicht immer von mir wenden wie jetzt?»[56] Diese Hoffnung erfüllt sich jedoch nicht.

Die Aufgaben, die Nietzsche in den nächsten Jahren zu bewälti-
gen hat, beanspruchen seine ganze Kraft. Da ist kein Platz für
eine Dame aus Paris, die ihn naiv-schwärmerisch anhimmelt.
Nietzsche ist inzwischen meilenweit entfernt vom amourösen
Intermezzo in Bayreuth. Er wird Louise Ott nie mehr wieder
sehen.

Dennoch beschäftigt sich der Professor mit Heiratsplänen.
Ein kontemplatives Verhältnis zur Welt der Frauen genügt
ihm nicht. Immer wieder sucht er aus seiner selbst erwählten
Einsamkeit heraus einen Zugang in die weiblich-leibliche
Sphäre. Richard Wagner gab ihm schon 1874 brieflich den Rat,
sich eine Frau, eine vermögende, zu suchen. Der Komponist
fand es bedenklich, dass der Freund mehr Umgang mit Männern als mit Frauen hatte. Wagner glaubt zu wissen, was dem
verklemmten Baseler Akademiker fehlt: «Nun scheinen aber
den jungen Herren Frauen zu fehlen: da heisst es dann allerdings, [...] wo hernehmen und nicht stehlen? Indess, man
könnte ja auch einmal in der Noth stehlen. Ich meinte, Sie
müssen heirathen, oder eine Oper komponiren; Eines würde
Ihnen so gut und schlimm wie das Andere helfen. Das Heirathen halte ich für besser. – [...] Ach, Gott, heirathen Sie eine
reiche Frau!»[57] Der Meister, zuweilen recht hinterlistig im Umgang mit dem Professor, kann sich nicht verkneifen, Nietzsche
ironisch auf dessen mittelmäßiges Musikertalent hinzuwei-
sen: Eine Frau, ja, das ist vielleicht realisierbar, eine Oper, nein,
das wäre vermessen.

Am 31. März 1877 beginnt der Heiratswillige einen neuen
Großangriff, wieder einen schriftlichen. Nietzsche wägt in einem Brief an die Schwester, die mit einer braven Hausfrau für
ihren Bruder einverstanden wäre, die in Frage kommenden Ehe-
frauen in spe gegeneinander ab, indem er wie ein Buchhalter
die Aktiva und Passiva gegenüberstellt: *Glaubst Du nicht, daß ich
nach 6 Wochen B[ertha] R[ohr] nicht mehr ausstehen werde und sie
nicht mehr sehen hören kann? Vielleicht übertreibe ich. Sonst weißt
Du ja, wie wir zusammen über sie denken, Illusionen haben wir uns
wohl nicht gemacht; oder doch? – Hier redet man mir zu in Bezug auf
Nat. Herzen, was meinst Du? Aber 30 Jahre ist sie auch, es wäre bes-*

ser, daß sie 12 Jahre jünger wäre. Sonst ist ihre Art und ihr Geist recht gut zu mir passend. […] Auf Capri trafen wir zufällig Besucherinnen

der Bayreuther Feste, wie es schien aus der nächsten Umgebung von Bayreuth, ein junges Mädchen hieß A. v. T. Wer ist das?[58] Die Heiratspläne setzt Friedrich Nietzsche nicht in die Realität um. Auch wenn sein engster Freundeskreis alles unternimmt, um ihm eine Ehefrau zu verschaffen.

> Übrigens war es nie seine Absicht, unverheiratet zu bleiben; die Frau schien nach seiner Auffassung in der Bedienung und Pflege des Mannes aufgehen zu sollen, und schon in Pforta pflegte er halb im Scherze zu sagen: ich werde wohl für mich allein drei Frauen verbrauchen.
>
> **Paul Deussen: «Erinnerungen an Friedrich Nietzsche»**

Letztlich ist Nietzsche zu sehr aus den bürgerlichen Konventionen ausgebrochen: Eine Ehe kommt für ihn nicht in Frage, auch wenn er zuweilen glaubt, dass eine Gattin ihn von seinen Krankheiten heilen könnte. So schreibt er am 1. Juli 1877 an Malwida von Meysenbug: *Bis zum Herbst habe ich nun noch die schöne Aufgabe, mir ein Weib zu gewinnen, und wenn ich sie von der Gasse nehmen müsste: die Götter mögen mir Munterkeit zu dieser Aufgabe geben! Ich hatte wieder ein ganzes Jahr zum Überlegen und habe es unbenutzt verstreichen lassen; und doch weiss ich längst, dass ohne diess auch nicht einmal auf eine Milderung meiner Leiden zu rechnen ist.*[59] Wir ahnen es, ein derart forscher Straßenraub wird ihm nie gelingen. Er ist viel zu unentschlossen. In krassem Widerspruch zu seinen Heiratsplänen, die man eigentlich nie so richtig ernst nehmen möchte, steht die Antipathie des Freigeistes gegen das Verheiratetsein. Im April 1885 lässt er seine Mutter wissen: *Meine liebe Mutter, Dein Sohn eignet sich schlecht zum Verheirathetwerden: u n a b h ä n g i g sein bis zur letzten Grenze ist mein Bedürfniß, und ich bin für meinen Theil äußerst mißtrauisch geworden in diesem* Einen *Punkte.*[60] Absolute Autonomie ist für den revolutionären Denker Lebensgrundlage, um schreibend die Welt zu verändern. Nietzsche weiß, und das hat er an vielen Stellen formuliert, dass seine Freiheit notwendige Bedingung seines Schaffens ist. Er kann Frauen, auch wenn es hin und wieder zu einem fehlgeschlagenen Eroberungsversuch kommt, nur in der Phantasie besitzen.

Cosima Wagner: «Prinzeß Ariadne, meine Geliebte»

Der Pfarrerssohn Friedrich Nietzsche war zeitlebens ein aristokratischer Denker. In *Ecce homo* phantasiert er sich den ersehnten Adelsstammbaum zurecht: *Ich bin ein polnischer Edelmann.* Es gibt für ihn nur einen Menschen, wie er wenige Zeilen später betont, der auf gleicher Höhe thront: *Frau Cosima Wagner ist bei Weitem die vornehmste Natur* [61]. Cosima erfüllt Nietzsches Anspruch, den er in der *Fröhlichen Wissenschaft* für sich reklamiert: *[…] wir glauben mit Einem Male daran, dass es irgendwo in der Welt Frauen mit hohen, heldenhaften, königlichen Seelen geben könne, fähig und bereit zu grandiosen Entgegnungen, Entschliessungen und Aufopferungen, fähig und bereit zur Herrschaft über Männer, weil in ihnen das Beste vom Manne, über das Geschlecht hinaus, zum leibhaften Ideale geworden ist.* [62] Friedrich sah bis zu seinem geistigen Zusammenbruch in Wagners Gattin diesen Idealtyp

verkörpert. Cosima Wagner ist die einzige Frau, von der er niemals wird lassen können. Doch seine Zuneigung wird nicht belohnt. Zu den herbeigesehnten *grandiosen Entgegnungen* ist es nie gekommen.

Cosima [63] wird 1837 als uneheliche Tochter Franz Liszts und der adeligen Marie de Flavigny d'Agoult geboren. Erzogen wird sie von

Franz Liszt, Ölgemälde
von Ary Scheffer, 1838

Cosima Wagner,
Gemälde von
Paul von
Joukowsky, 1880

Gouvernanten, da Vater und Mutter kein sonderliches Interesse an der Tochter haben. Schließlich verkuppelt Liszt Cosima mit seinem Lieblingsschüler, dem Kapellmeister Hans von Bülow. Das Paar heiratet 1857. Die Flitterwochen verbringen sie in Zürich bei Richard Wagner, den der junge Bräutigam sehr verehrt. Cosima von Bülow hingegen wird von Selbstmordgedanken geplagt, weil sie die Ehe von Anfang an als beschwerliche Last empfindet. Erlösung bringt Wagner, der zwar mit Minna Planer verheiratet ist, was den Musiker aber nicht von weiteren Amouren abhält. 1864 schließlich begeht Frau von

Hans von Bülow, Jugendbildnis von W. Streckfuss, 1855

Bülow, inzwischen Mutter zweier Töchter, Ehebruch mit Wagner. Sie wirft sich mit Vergnügen in seine Arme, kann sie doch so dem verhassten Ehemann entfliehen. Das Verhältnis bleibt nicht ohne Folgen. Die verliebte Cosima von Bülow erwartet ihr erstes uneheliches Kind von Wagner.

In dieses skandalträchtige Umfeld, das im völligen Gegensatz zur Naumburger Welt steht, wird Nietzsche eingeführt. Er lernt Wagner am 8. November 1868 in Leipzig im Haus des Orientalisten Hermann Brockhaus kennen. Der Musiker wollte Nietzsche kennen lernen, weil Sophie Ritschl, die Gattin von Nietzsches akademischem Ziehvater, berichtete, der junge Mann habe in den höchsten Tönen von Wagners «Meistersingern» geschwärmt. Richard Wagner fühlt sich geschmeichelt. Der Student ist gleich von der ersten Begegnung begeistert: Wagner spielt einige Stellen aus den «Meistersingern» vor, unterhält sich mit dem Jüngling enthusiastisch über Schopenhauer und gibt einige Seiten aus seiner Autobiographie, an der er noch arbeitet, zum Besten. Nietzsche empfindet eine tiefe Seelenverwandtschaft, er ist wie verzaubert. Schon am nächsten Tag berichtet er seinem Freund Erwin Rohde von der neuen Bekanntschaft: *Meine Stimmung war wirklich an diesen Tagen etwas romanhaft; gieb mir zu, daß Einleitung dieser Bekanntschaft, bei der großen Unnahbarkeit des Sonderlings, etwas an das Mährchen streifte.*[64] Wagner, der unabhängige, charismatische Künstlertyp, fasziniert den jungen Philologen. Die Musikerexistenz unterscheidet sich grundlegend von seinem akademischen Dasein. An dieser extravagant-gebildeten Welt möchte Nietzsche teilhaben. Und er hat Glück: Wagner lädt ihn – ohne einen festen Termin auszumachen – in sein Tribschener Landhaus bei Luzern ein.

Doch zunächst ist der junge Philologe zu beschäftigt. Im Februar 1869 er-

1860	Geburt der Tochter Daniela von Bülow am 12. Oktober.
1863	Die zweite Tochter, Blandine von Bülow, am 29. März geboren.
1865	Geburt von Cosima von Bülows und Wagners erstem Kind, Isolde, am 10. April.
1866	Minna Wagner stirbt am 25. Januar.
1867	Geburt von Cosima von Bülows und Wagners zweiter Tochter, Eva, am 17. Februar.
1868	Seit dem 16. November lebt Cosima von Bülow mit Wagner in Tribschen.
1869	Am 6. Juni kommt der Sohn Siegfried zur Welt.

hält Nietzsche einen Ruf an die Universität Basel. Der frisch ernannte Professor zieht im April nach Basel um und übernimmt den Lehrstuhl für klassische Philologie. Im Mai fährt Nietzsche endlich nach Tribschen zu seinem ersten Besuch in Wagners Villa. Dort lernt er Cosima von Bülow kennen. Die Geliebte des Komponisten erwartet bereits das dritte uneheliche Kind von ihm. Nietzsche ist irritiert, als Frau von Bülow keinen Hehl daraus macht, dass das Kind nicht von ihrem Gatten stammt. In den ersten Wochen ihrer Bekanntschaft bleibt der Professor auf Distanz zu dem «verruchten» Paar. Immerhin steht sein Ruf als Dozent auf dem Spiel. Cosima von Bülow notiert ihren ersten Eindruck von dem jungen Mann noch am Abend seiner Ankunft in ihr Tagebuch: «Zu Tisch ein Philologe Professor Nietzsche, welchen R. bei Brockhausens hat kennen gelernt und welcher R.'s Werke gründlich kennt und selbst aus ‹Oper und Drama› in seinen Vorlesungen zitiert. Ein ruhiger angenehmer Besuch»[65]. Mit Wohlwollen quittiert Cosima, dass ihr Liebhaber vom frisch gebackenen Professor vor Publikum zitiert wird. Sie weiß, dass die Bekanntschaft mit Nietzsche für Wagner von Nutzen sein kann. Ein Professor, der sein Projekt, das Festspielhaus in Bayreuth, unterstützt, verspricht die erhoffte Anerkennung in der Öffentlichkeit.

Nun übernimmt Cosima von Bülow die Aufgabe, den schüchternen Mann zu umgarnen. Das schmeichelt Nietzsche und er findet Gefallen an dieser Frau. Die wiederum weiß ihn gehörig auszunutzen. Brav erledigt er ihre Aufträge. So sind für das Weihnachtsfest 1869 Besorgungen zu machen: Frau von Bülow schickt den Professor zum Einkaufen. Wenn Nietzsche seine Aufgaben nicht korrekt erfüllt, wird er von der herrischen Cosima von Bülow gerügt: «Für alle Besorgungen freundlichsten Dank, wenn auch der König nicht so ächt und der Teufel nicht so schwarz als wünschenswerth wäre [...]. Jetzt aber meldet mein Zettel eine Bitte. Kennen Sie den Herrn K i e - p e r gegenüber der Post? Ein grosser schöner Laden mit vielem Allerlei? Wollen Sie sich wohl dahin begeben und für mich ein V e r r e d'e a u bestellen, d. h. einen Wasserkrug von sechs oder vier Gläsern umgeben auf gläsernem Plateau.»[66] Das ist nicht der einzige Wunsch dieser Art, den Friedrich Nietzsche willig erfüllt. Zur Belohnung darf er gemeinsam mit Cosima, Richard und den Kindern das Weihnachtsfest 1869 verbringen. Am 24. Dezember notiert Cosima: «Professor Nietzsche kommt am Morgen und hilft mir, das Puppentheater mit I f t e k h a r herzurichten. [...] Nach der Bescherung bete ich vor dem ausgelöschten Baum mit den Kindern. Professor Nietzsche gibt mir die Widmung seines Vortrages über Homer.»[67] Die Beschenkte kümmert sich in jenen Tagen intensiv um den Gast. Kurz nach Neujahr erinnert sie sich rückblickend: «Die ganze Woche nicht in dem Buch geschrieben. Die meiste Zeit mit Pr. Nietzsche verbracht, welcher uns gestern verlassen hat.»[68] Gemeinsam liest und diskutiert man über Platon, Aristophanes, Aischylos, Sophokles, Herodot und Thukydides. Hier kann der Meisterphilologe glänzen, wofür er viel Lob erntet. Zur Freude Nietzsches trägt Cosima von Bülow den «Parzival»-Text[69] vor, nur für ihn allein. Viel ist darin von Verführung und Leidenschaft zu erfahren. Was im Kopf des Philologen während dieser anzüglichen Zweisamkeit vorging, darüber darf spekuliert werden.

Vollends wird dem Professor der Kopf verdreht, als er Cosima, seit August 1870 Wagners Gattin, Ende Dezember 1871 für vier Tage nach Mannheim begleiten darf zu einem Benefizkonzert[70] zugunsten des Bayreuther Projektes, das Wagner diri-

Cosima und Richard Wagner, 1872

giert. Friedrich Nietzsche ist begeistert, nicht nur von der Musik. Zehn Tage nach dem Erlebnis erhält er einen Brief Cosima Wagners, den er mit Entzücken gelesen haben wird: «Wir sind wieder vor Kurzem zusammen glücklich gewesen, in dem Bund des gemeinsamen Glaubens der selig macht, wir wollen von dem Neujahrsdämon erbitten, uns solche A d u r Stunden wieder zu gönnen die die Liebe und Treue so fühlbar und beseligend machen. Geht es Ihnen wie mir, dass ich mir einbilde nicht genug gehört zu haben? Diess ist die augenblickliche Form meiner Sehnsucht nach dem Unaussprechlichen.»[71] Cosima schwärmt von den Stunden, in denen sie in Mannheim den Künsten ihres verehrten Gatten lauschen konnte: Dass Nietzsche neben ihr saß, ist Nebensache. Für Nietzsche, obwohl er ein geübter Text-Interpret ist, liest sich das ganz anders. Vor allem die «Sehnsucht nach dem Unaussprechlichen» ist für den Professor höchst bedenkenswert. Sollte ihm Cosima hier vielleicht einen amourösen Wink geben? Doch die Hoffnung wird enttäuscht. Sie lebt ausschließlich für ihren Mann, den sie nicht umsonst, wie Nietzsche übrigens auch, «Meister» nennt. Rückblickend erkennt Nietzsche die untrennbare Symbiose zwischen Cosima und Richard Wagner: *Die geistige Kraft einer Frau wird am besten dadurch bewiesen, dass sie aus Liebe zu einem Manne und dessen Geiste ihren eigenen zum Opfer bringt, und dass trotzdem ihr auf dem neuen, ihrer Natur ursprünglich fremden Gebiete, wohin die Sinnesart des Mannes sie drängt, so fort ein z weiter Geist nachwächst.*[72]

Friedrich Nietzsche stand auf verlorenem Posten. Die Hände waren ihm ohnehin gebunden, denn es war undenkbar, Wagner, der für ihn zunächst wie ein Vater war, die Frau abspenstig zu machen. Zumal Nietzsche, im Unterschied zu Wagner, alles andere als ein skrupelloser Draufgänger und Frauenheld war. Aber noch unterstützt Nietzsche das Paar. Weihnachten 1870 schenkt er Cosima Wagner seine Schrift *Die Geburt des tragischen Gedankens*. Richard Wagner liest den Text mit Wohlwollen, und Cosima notiert in ihr Tagebuch: «[...] wir folgen seinem Gedankengang mit größtem und lebhaftestem Interesse. Besondere Freude gewährt es mir, daß R.'s Ideen auf diesem Gebiet ausgedehnt werden können.»[73] Nietzsche baut Wagners «Ideen» fleißig weiter aus, im Januar 1872 erscheint sein Werk *Die Geburt der Tragödie aus dem Geiste der Musik*. Als Philologe disqualifiziert er sich mit dem Buch in der Fachwelt, weil er jenseits akademisch-philologischer Diskurse argumentiert: Im Windschatten von Schopenhauers und Wagners Ästhetik sprengt er die Grenzen der Altphilologie. Nietzsche ist sich seines Frevels bewusst. Im Widmungsschreiben an Wagner heißt es: *Meinen Philologen gnade Gott, wenn sie jetzt nichts lernen wollen!*[74] In Tribschen wird die Schrift freudig begrüßt, bestätigt sie doch den Meister als Erneuerer der griechischen Tragödie. Die Fachkritik der Philologenzunft geht jedoch nicht spurlos an Nietzsche vorbei. Sein akademischer Ziehvater Friedrich Ritschl und der aufstrebende neue Stern am Philologenhimmel, Ulrich von Wilamowitz-Moellendorff, fällen vernichtende Urteile.

Doch giebt es einen Punkt, der mich augenblicklich sehr beunruhigt: unser Wintersemester hat begonnen und ich habe gar keine Studenten! Unsre Philologen sind ausgeblieben! Es ist eigentlich ein Pudendum und ängstlich vor aller Welt zu verschweigen. Ihnen, geliebter Meister, erzähle ich es, weil Sie alles wissen sollen. Das Factum ist nämlich so leicht zu erklären – ich bin unter meiner Fachgenossenschaft plötzlich so verrufen geworden, dass unsre kleine Universität Schaden leidet!
Nietzsche an Wagner, November 1872

So verwundert es nicht, dass die Beziehung zu Cosima und Richard Wagner erste Risse bekommt. Der arg gescholtene Professor darf zwar noch zum Osterfest 1872 mit Cosima die Ostereier für die Kinder verstecken, doch die Stimmung ist getrübt, weil die Wagners Tribschen verlassen. Sie ziehen mit ihrem gesamten Hofstaat nach Bayreuth, um dort ihr Festspielprojekt zu verwirklichen. So verliert Nietzsche eine lieb gewonnene Heimat: *Tribschen ist mit dem heutigen Tage zu Ende!*[75]

In den folgenden Monaten wird die Kluft zu den Wagners offensichtlich. Obendrein mischen sich Cosima und Richard Wagner in das Intimleben Nietzsches ein. Das Paar legt ihm nahe, endlich zu heiraten, seine Junggesellenexistenz sei auf Dauer gesellschaftlich untragbar. Der Professor ist verstimmt. Seine Verärgerung fließt sublim in die vierte *Unzeitgemäße Betrachtung: Richard Wagner in Bayreuth* ein. Ursprünglich war dieses Werk als Lobeshymne auf den Komponisten gedacht. Aber Nietzsche distanziert sich nun von Wagner. Cosima Wagner, die wie ihr Gatte vor der Eröffnung der Festspiele ein Exemplar der Schrift erhält, ist erzürnt. Als der abtrünnige Jünger am 23. Juli 1876 in Bayreuth eintrifft, wird er mehr oder weniger ignoriert. Im selben Jahr kommt es in Sorrent zu einem letzten Zusammentreffen zwischen den Wagners und Nietzsche. Fortan werden nur noch einige Briefe ausgetauscht.

Im Haus der Freundin Malvida von Meysenbug in Sorrent traf Richard Wagner 1876 seinen Friedrich Nietzsche zum letzten Mal.

Johannes Grützke: Letztes Treffen Nietzsches und Wagners

Das Paar rächt sich ein Jahr später für Nietzsches Abkehr vom geheiligten Bayreuth-Projekt. 1877 wird Nietzsches Arzt Otto Eiser[76], ein gläubiger Wagnerianer, in die Pflicht genommen. Der Mediziner informiert die Wagners in einem ausführlichen Brief über Nietzsches Gesundheitszustand, ungeachtet seiner Schweigepflicht. Richard Wagner hakt bei Eiser nach, indem er suggeriert, dass der Professor onaniere, außerdem tendiere Nietzsche in erotischer Hinsicht eher zu Männern als zu Frauen. Eiser akzeptiert Wagners Diagnose. Nur so ist zu erklären, dass er Nietzsche gutgläubig im April 1878 über Wagners Vermutung in Kenntnis setzt. Friedrich Nietzsche ist außer sich. Noch fünf Jahre später sitzt seine Verärgerung tief. Im April 1883 macht er dem Komponisten Heinrich Köselitz

(Peter Gast) vom Verrat Wagners Mitteilung, bei dieser Gelegenheit wird auch die Gattin kritisiert: *Cosima hat von mir ge-
sprochen als von einem Spione, der sich in das Vertrauen Anderer ein-
schleicht und sich davonmacht, wenn er hat, was er will. Wagner ist
reich an bösen Einfällen; aber was sagen Sie dazu, daß er Briefe darüber gewechselt hat (sogar mit meinen Ärzten) um seine Ü b e r z e u -
g u n g auszudrücken, meine veränderte Denkweise sei die Folge un-
natürlicher Ausschweifungen, mit Hindeutungen auf Päderastie.*[77]

Im Jahr 1878 kommt es schließlich zum endgültigen
Bruch Nietzsches mit der Familie Wagner. Im April erscheint
Menschliches, Allzumenschliches I – Ein Buch für freie Geister. Die
Differenz zu Nietzsches Frühwerk ist einschneidend. Im Mit-
telpunkt steht nun die Zerstörung der traditionellen Kultur-
semantiken. Der Philosoph wirft gelassen seine metaphysi-
schen Altlasten ab: *Es ist der Krieg, aber der Krieg ohne Pulver und
Dampf, ohne kriegerische Attitüden, ohne Pathos und verrenkte
Gliedmaassen – dies Alles selbst wäre noch «Idealismus». Ein Irrthum nach dem andern wird gelassen aufs Eis gelegt, das Ideal wird
nicht widerlegt – e s e r f r i e r t*[78]. Damit ist die letzte Brücke zum
Paar abgebrochen. Cosima Wagner notiert in ihr Tagebuch:

Das Bayreuther Festspielhaus, 1876

«R. liest etwas in dem neuesten Buch von Nietzsche, um über die prätentiöse Gewöhnlichkeit zu erstaunen.»[79] Wagner ist verwundert, weil Nietzsche seine metaphysisch-kunsttheoretischen Gedanken widerruft. Sein philosophischer Positionswechsel stellt Richards Lebenswerk in Frage. Die essayistisch-rationale Welt Nietzsches, die jenseits des metaphyselnden Wagners angesiedelt ist, wird vom Komponisten kategorisch abgelehnt. Nietzsche ist nicht mehr aufzuhalten. Er fühlt sich nun dem Meister ebenbürtig. Doch Richard Wagner duldet keinen gleichrangigen Menschen neben sich. Cosima Wagner beschreibt diese Spannungen am 11. Mai 1871 treffsicher, sie wittert «hier einen bedenklichen Zug, wie eine Sucht des Verrats, gleichsam um sich gegen einen großen Eindruck zu rächen»[80]. Zuletzt ist Nietzsche für das Paar nur noch ein «garstiges Ding»[81].

So ganz kann Nietzsche jedoch bis zu seinem geistigen Zusammenbruch nicht von den beiden lassen. Zwar kritisiert er den Musiker immer wieder auf das Schärfste, doch bei allem Tadel äußert er sich auch immer wieder wohlwollend über ihn: Im Frühjahr 1888 schreibt Nietzsche den *Fall Wagner*: Scharfe Polemik und euphorische Verehrung stehen sich hier auffällig gegenüber. Auch Cosima Wagner verehrt er trotz des offensichtlichen Bruchs weiter, allerdings wagt er nicht, wieder Kontakt aufzunehmen. Am 14. Januar 1880 gesteht Nietzsche der Freundin Malwida von Meysenbug: *Frau W[agner], Sie wissen es, ist die sympathischste Frau, der ich im Leben begegnet bin. – Aber zu allem Verkehren und gar zu einem Wiederanknüpfen bin ich ganz untauglich. Es ist zu spät.*[82]

Weil die reale Cosima Wagner unantastbar ist, greift Nietzsche schließlich 1889 zu einem erfolgversprechenden Mittel. Er konstruiert sich das Beziehungsgefüge Richard Wagner, Friedrich Nietzsche und Cosima Wagner mythologisch[83] zurecht. In seiner Phantasie kann er die verehrte Dame erobern und deren Ehegatten ausschalten. Jetzt endlich lässt sich der Enthemmte, der Realitätsverlust ist offensichtlich, hinter die Maske schauen. Am 3. Januar 1889 schreibt Nietzsche seinen so genannten Wahnsinnszettel an Cosima. Schon die Anrede lässt aufhorchen: *An die Prinzeß Ariadne, meine Geliebte.*[84] Jetzt erst spricht er aus, was er so lange verschweigen musste, er liebt Cosima. In derselben Botschaft an *Ariadne* gibt er sich als der *siegreiche Dionysos* zu erkennen. Nietzsche-Dionysos will endlich Cosima-Ariadne erobern. Wagner-Theseus steht auf verlorenem Posten.

Die Geschichte von Ariadne, Theseus und Dionysos taucht seit der Antike in unterschiedlichen Varianten auf, wichtig ist Folgendes: Ariadne ist die Tochter des kretischen Königs Minos. Die Athener waren Minos tributpflichtig, regelmäßig wurden vierzehn Menschen als Opfergabe ausgeliefert, die auf Kreta dem Minotauros, der in einem Labyrinth lebt, zum Fraß vorgeworfen wurden. Doch diesmal vereitelt der mutige Athener Theseus den grausamen Plan. Er lässt sich freiwillig mit den ausgelosten Opfern nach Kreta einschiffen. Dort trifft er Ariadne, sie verlieben sich. Ariadne, die ihren Geliebten retten will, drückt ihm ein Wollknäuel in die Hand. Er markiert mit dem Faden den Weg aus dem Labyrinth, tötet das Ungeheuer und findet aus dem Irrgarten ans Tageslicht. Theseus flieht mit Ariadne auf die Insel Naxos. Dort erscheint Theseus im Traum Dionysos und fordert, dass er Ariadne ihm überlassen müsse, schließlich sei sie seine Braut. Der gottesfürchtige Mann gehorcht. Ariadne bleibt allein auf Naxos zurück. Als sie sich vor Verzweiflung in das Meer stürzen will, erscheint Dionysos und entführt sie.

Auch Nietzsche geht in Gestalt des Dionysos auf Brautraub aus. Zwischen dem 1. und 3. Januar vollendet er das Druckmanuskript zu den *Dionysos-Dithyramben,* es enthält neun Gedichte, darunter auch die *Klage der Ariadne.*[85] Dort geschieht Bemerkenswertes: Ariadne[86] klagt, weil Theseus sie verlassen hat. Obendrein wird sie von Dionysos bedroht. Der Gott, der sich noch versteckt – *Du Jäger hinter Wolken* –, vernimmt von seiner Himmelswarte die Qualen der Klagenden:

So liege ich,
biege mich, winde mich, gequält
von allen ewigen Martern,

> *getroffen*
> *von dir, grausamster Jäger,*
> *du unbekannter – G o t t …*

Dionysos martert die Dame weiter *mit schadenfrohen Götter-Blitz-Augen.* Ariadne fleht um Erlösung, eine ganz besondere:

> *Triff tiefer!*
> *Triff Ein Mal noch!*
> *Zerstich, zerbrich dies Herz!*
> *Was soll dies Martern*
> *mit zähnestumpfen Pfeilen?*

Die Beklagenswerte möchte mehr, weil der stumpfe Pfeil sie nicht von ihren Leiden zu erlösen vermag: *Stich weiter! / Grausamster Stachel!* Aber Dionysos kann nur handfest stechen, wenn er sich endlich zeigt. Dieses sadomasochistische Naxos-Intermezzo zeigt, wie es in Nietzsche aussieht. Wie schon im *Euphorion*-Fragment des siebzehnjährigen Schülers, so wird auch hier ein Gemisch aus Gewalt und Sexualität aktiviert.

Ariadne, eben noch die *stolzeste Gefangene,* ergibt sich schließlich willig, sie fleht seine *heisse[n] Hände,* seine *Herzens-Kohlenbecken* herbei. Doch Dionysos entzieht plötzlich sein göttliches Becken. Ariadne reagiert sofort, sie bittet inständig ihren *Henker-Gott* um die herbeigesehnten Qualen:

> *komm zurück!*
> *M i t allen deinen Martern!*
> *All meine Thränen laufen*
> *zu dir den Lauf*
> *und meine letzte Herzensflamme*
> *dir glüht sie auf.*
> *Oh komm zurück,*
> *mein unbekannter Gott! mein S c h m e r z !*
> *mein letztes Glück! …*

Dionysos ist am Ziel seiner Wünsche. Es blitzt, er *wird in smaragdener Schönheit sichtbar,* und endlich spricht der Gott sie an:

Sei klug, Ariadne!…
Du hast kleine Ohren, du hast meine Ohren:
steck ein kluges Wort hinein! –
Muss man sich nicht erst hassen, wenn man sich lieben soll?…
Ich bin dein Labyrinth…

Schlussverse
der «Klage
der Ariadne»
(Druckmanu-
skript)

Cosima Wagner und Nietzsche, so darf vermutet werden, haben auch einander gehasst, damit ist die notwendige Bedingung geschaffen, um zu lieben. Doch Vorsicht ist geboten, deswegen auch der Rat an Ariadne, sich klug zu verhalten. Denn Dionysos-Nietzsche kehrt die Rollen um: Fortan ist Ariadne-Cosima in seinem *Labyrinth* gefangen. Und dort muss sie sich erst zurechtfinden, keine einfache Aufgabe, wenn man bedenkt, welche Marterinstrumente sie im Irrgarten erwarten.

Auf dem Boden der Tatsachen bleibt noch nachzutragen, dass Cosima ihre Hasstiraden gegen Nietzsche auch nach seinem Tod fortsetzt. So schreibt sie ein halbes Jahr danach an Hugo von Tschudi: «Raten Sie, was unsere jetzige Lektüre ist? ‹Also sprach Zarathustra›! Da ich von jeher den krankhaften Zustand des Verfassers gekannt, war ich auf Wahnwitz und konfuse Genialität gefaßt. Daß ich es aber bis zum Blödsinn dumm finden würde, ist wider Erwartung. Die Spasmen der Impotenz, so möchte ich dieses Buch betiteln.»[87] Darauf gibt es nur eine Antwort, sie findet sich in einem Briefentwurf an Cosima Wagner, den Nietzsche vermutlich im September 1888 verfasste: *Si tacuisses, Cosima mansisses…*[88]

Malwida von Meysenbug und Marie Baumgartner: «Ganz aus Mutterliebe bestehend»

Am Karfreitag des Jahres 1876, dem 14. April, schreibt Nietzsche folgende Zeilen an Malwida von Meysenbug: *Eins der höchsten Motive, welches ich durch Sie erst geahnt habe, ist das der Mutterliebe ohne das physische Band von Mutter und Kind, es ist eine der herrlichsten Offenbarungen der caritas. Schenken Sie mir etwas von dieser Liebe, meine hochverehrte Freundin und sehen Sie in mir einen, der als Sohn einer solchen Mutter bedarf, ach so sehr bedarf!*[89] Diese unfamiliäre Art der Mutterliebe weist auf ein spezifisches Defizit hin. Nietzsches Mutter kümmert sich zwar lebenslang um ihren Sohn, aber der christliche Moralkodex des Naumburger Haushaltes verbietet einen innig emotionalen Umgang. Der Philosoph lässt uns einen Blick in seine Kinderstube werfen: *Der Freigeist wird immer aufathmen, wenn er sich endlich entschlossen hat, jenes mutterhafte Sorgen und Bewachen, mit welchem die Frauen um ihn walten, von sich abzuschütteln. Was schadet ihm denn ein rauherer Luftzug, den man so ängstlich von ihm wehr-*

Malwida von Meysenbug als Kind

te, was bedeutet ein wirklicher Nachtheil, Verlust, Unfall, eine Erkrankung, Verschuldung, Bethörung mehr oder weniger in seinem Leben, verglichen mit der Unfreiheit der goldenen Wiege, des Pfauenschweif-Wedels und der drückenden Empfindung, noch dazu dankbar sein zu müssen, weil er wie ein Säugling gewartet und verwöhnt wird? Desshalb kann sich die Milch, welche die mütterliche Gesinnung der ihn umgebenden Frauen reicht, so leicht in Galle verwandeln.[90] Dieses umhegende Zwangssystem, von dem Friedrich Nietzsche zeitlebens nicht loskommt, regt das Bedürfnis nach einer anderen Form von Mutterliebe in seiner Phantasie an. Von dieser Liebe *ohne das physische Band* erhofft sich Nietzsche emotionale wie intellektuelle Befriedigung. Deswegen unternimmt er immer wieder Versuche – das zeigt auch die Beziehung zu Malwida von Meysenbug –, diese Qualität von Mutterliebe zu erfahren.

Malwida von Meysenbug wurde am 28. Oktober 1816 in Kassel geboren. Ihr Vater, Carl Philippe Rivalier, 1826 in den erblichen Adelsstand erhoben, war kurhessischer Minister. Das Elternhaus war orthodox protestantisch und ausgesprochen stolz auf den Adelstitel. Wie damals üblich, erhielt die Tochter keine geregelte Schulausbildung, weshalb sich die begabte Malwida autodidaktisch durch intensive Lektüre weiterbildete. Dieses Wissenspotential entfremdete die Tochter immer mehr von der Familie. Ihr religiöser Skeptizismus und ihre demokratisch-emanzipatorischen Gedanken stießen bei den Eltern auf Unverständnis und Ablehnung. Die endgültige Abkehr von der Familie vollzieht Malwida von Meysenbug, als sie 1843 den Demokraten Theodor Althaus kennen lernt. Er bestätigt ihre neue Lebensphilosophie. Gemeinsam schmieden sie revolutionäre Pläne. Deswegen begrüßt Malwida von Meysenbug, in der Hoffnung auf einen gesellschaftlich-emanzipatorischen Wandel, mit Begeisterung die Revolution von 1848. Nachdem der Freiheitskampf gescheitert ist, besucht sie in Hamburg ein sozialpädagogisches Frauenseminar, das von dem berühmten Pädagogen Friedrich Wilhelm August Fröbel geleitet wird. Es löst sich auf, weil der Druck der reaktionären Kräfte zu bedrohlich wird. Schließlich flieht sie am 25. Mai

Kassel, Malwidas Geburtsstadt, um 1830.
Aquatinta von J. H. Martens nach Gottlob Engelhard

1852, nachdem ihre Wohnung durchsucht und sie von der Polizei verhört wurde, nach England. Dort lebt sie mit Unterbrechungen bis 1862. Sie erkennt während der vielen Diskussionen mit Emigranten, wie etwa mit dem deutschen Publizisten Gottfried Kinkel, dass die liberal-revolutionären Ziele nicht verwirklicht werden können.

Nachdem sie 1855 Wagner in London kennen lernte, ändert sie ihre Philosophie. Sie liest auf den Rat des Musikers hin Arthur Schopenhauers Hauptwerk «Die Welt als Wille und Vorstellung». Malwida von Meysenbug ist begeistert, ebenso wie später Nietzsche, der dieses Buch 1865 in Leipzig regelrecht verschlingen wird. Sie legt konsequenterweise ihre demokratischen Ideale auf Eis, nicht aber die feministischen. Nun favorisiert sie einen metaphysischen Elite-Ästhetizismus, in dem es «darauf ankommt, die Entstehung des Genius, des Künstlers und des Heiligen möglich zu machen». In diesem ästhetischen Kontext ist für das Volk kein Platz mehr: «Nicht die Menschheitsherde soll vermehrt werden, sondern die Zahl der Auserwählten, welche den höheren Zielen der Menschheit dienen.» Das «alleridealste Ziel» führt «zur Erlösung und Verklärung des Lebens durch die wahre ideale Kunst».[91]

1872 liest sie mit Eifer Nietzsches *Geburt der Tragödie* und findet hier Schopenhauers und Wagners Gedanken auf neuartige Weise interpretiert. Im selben Jahr lernt sie endlich den verehrten Philosophen kennen. Am 22. Mai, während der Grundsteinlegung in Bayreuth, macht Cosima Wagner die beiden miteinander bekannt. Malwida von Meysenbug, die auch eine erfolgreiche Autorin war, erinnert sich in ihrem Werk «Individualitäten» an die erste Begegnung: «In einer Pause der Generalprobe kam Frau W a g n e r mit einem jungen Manne auf mich zu und sagte, sie wolle mir Herrn N i e t z s c h e vorstellen. ‹Wie, der N i e t z s c h e ?› rief ich voll Freude. Beide lachten, und Frau W a g n e r sagte: ‹Ja, der N i e t z s c h e.› Und nun gesellte sich zu jenem bedeutenden Geistesbild der Eindruck einer jugendlich schönen, liebenswürdigen Persönlichkeit, mit der sich schnell ein herzliches Verstehen einstellte.»[92] Diese Seelenverwandtschaft gründet auf Wagners Musik, Schopenhauers Philosophie, der Kampfgemeinschaft für das Bayreuther Musikunternehmen, schließlich auch auf Malwidas entspannte mütterlich-fürsorgende Art.

Werke von Malwida von Meysenbug

1876	Memoiren einer Idealistin
1879	Stimmungsbilder aus dem Vermächtniß einer alten Frau
1885	Phädra. Roman
1898	Der Lebensabend einer Idealistin
1901	Individualitäten
1905	Himmliche und irdische Liebe
1905	Eine Reise nach Ostende

Malwida von Meysenbug und Friedrich Nietzsche verehrten Wagner fast abgöttisch. Ihre Freundschaft wird zunächst von diesem Mann bestimmt. Ihre Gespräche kreisen immer wieder um den geliebten Komponisten. So kündigt Nietzsche am 7. November 1872 seiner neuen Freundin Großartiges an: *Für die dritte Woche des November und zwar für 8 Tage ist mir ein herrlicher Besuch angekündigt – hier in Basel! Der «Besuch an sich», Wagner mit Frau. [...] ich brauche noch viel guten Muth und kräftige Freundesliebe, vor allem gute und edle B e i s p i e l e, um nicht mitten im Sprechen den Athem zu verlieren. Ja, gute Beispiele! Und da denke ich an Sie und freue mich recht von Herzen, mit Ihnen, verehrtestes Fräulein, als mit einer einsamen Kämpferin für das Rechte, zusammen getroffen zu sein.*[93] Schon die Aussicht auf den *Besuch an sich* erschüttert Nietzsche in seinen Grundfesten. Der Jünger benötigt deshalb dringend den Beistand Malwida von Meysenbugs, es könnte ihm sonst – vor lauter Erschauern – in der Gegenwart des Meisters und der Meisterin die Luft ausgehen. Meysenbug jedenfalls stimmt in Nietzsches Erregung ein, brieflich hält sie ihm, wenn sie schon nicht selbst bei dem heiligen Treffen dabei sein kann, wie eine Mutter die Hand: «In diese kleinen Leiden des menschlichen Lebens drang dann Ihr Brief, mit der, für Sie so frohen Nachricht des ‹Besuchs an sich›, wie eine wahre Heilsverkündigung. Vielleicht findet dieser Besuch eben jetzt Statt und ich bin im Geiste mit dabei; wäre es, ach wie gern, auch wirklich.»[94]

Nachdem der Wagner-Enthusiasmus bei Nietzsche abgeklungen ist, schmiedet das Mutter-Sohn-Paar eifrig gemeinsame Pläne. Die sind vor allem auf Friedrich ausgerichtet. Die Freundin macht sich Sorgen um die Gesundheit des Professors. Seit Nietzsche in Basel arbeitet, leidet er ständig unter Kopfschmerzen, außerdem bereiten ihm die immer schwächer werdenden Augen Sorgen. Zeitweilig fallen deswegen seine Vorlesungen an der Universität und seine Stunden am Gymnasium aus. Malwida von Meysenbug sinnt auf Abhilfe, sie möchte den kranken Mann kurieren. Obendrein will sie mit ihm philosophieren: «Wie sehr aber theile ich den Wunsch dass wir näher bei einander leben könnten, dass ich Ihnen die Liebe und Treue einer Mutter beweisen könnte, dass wir zusammen Manche der ewigen Probleme lösen könnten, um die sich eigentlich das ganze Leben bewegt, die dessen Inhalt und Kern bilden und ohne die es überhaupt nur eine Qual wäre zu sein.»[95] Diese Fragen können nur beantwortet werden, so Malwida, wenn ideale Denk-Voraussetzungen geschaffen werden. Deswegen macht sie Nietzsche 1876 einen Vorschlag: Ein philosophierender Dreierbund soll gegründet werden: «Sie m ü s s e n im nächsten Winter von Basel fort, Sie m ü s s e n sich ausruhen unter einem milderen Himmel, unter sympathischen Menschen, wo Sie frei denken, reden und schaffen können was Ihre Seele füllt und wo wahre verstehende Liebe Sie umgiebt. Dies wäre hier der Fall, Ihr junger Freund [Albert Brenner], der Sie verehrend liebt und ich, die Sie mütterlich liebt, wir würden Ihnen die Ruhe bereiten, die Ihnen nöthig wäre um wieder ganz zu erstarken [...]. Mir ist es s e h r Ernst mit meinen Vorschlägen und ich bitte Sie zu bedenken dass es für Sie eine Lebensfrage ist einmal dem gequälten Körper völlige, lange Ruhe zu gönnen. Wäre ich reich so würde ich schnell Alles auf das Schönste ordnen und kategorisch sagen: Sie m ü s s e n kommen.»[96] Der angeschlagene Professor ist von diesem Angebot begeistert, denn seit er in Basel lehrt, sind ihm die klassische Philologie und der akademische Betrieb zuwider. Eine Flucht in den Süden kommt ihm da gerade recht: *[...] heute melde ich Ihnen nur: dass ich k o m m e n werde [...]. Wahrhaftig, mit Niemandem möchte ich jetzt so gern ein Jahr als mit Ihnen zubringen – das dürfen Sie im wörtlichsten Sinne nehmen! Wollte ich es Ihnen genauer sagen warum – so würden Sie sehen, w i e hoch ich Sie liebe und ehre!*[97] Der Reiselustige, der sich gern bemuttern lassen möchte – selbstverständlich soll auch philosophiert werden –, beantragt beim Baseler Erziehungscollegium einen einjährigen Urlaub, der ihm gewährt wird. Während Nietzsche in den Reisevorbereitungen steckt, informiert er Reinhart von Seydlitz über das geplante Vorhaben: *[...] wir alle haben ein Haus zusammen und alle höheren Interessen überdies gemeinsam: es wird eine Art Kloster für freiere Geister*[98]. Diese intellektuelle Klostergemeinschaft wird noch durch Friedrichs neuen Freund Paul Rée bereichert. Nietzsche lädt ihn ohne Absprache mit Meysenbug ein. Sie wird vor die vollendete Tatsache gestellt, die sie jedoch ohne Kritik akzeptiert: *Wissen Sie, dass Dr. Rée mich begleiten will, im Vertrauen darauf, dass es Ihnen so recht ist? Ich habe an seinem überaus klaren Kopfe eben so wie an seiner rücksichtsvollen, wahrhaft freundschaftlichen Seele die größte Freude.*[99]

Am 27. Oktober 1876 treffen Nietzsche, Brenner und Rée in Sorrent, dem auserwählten Ort, ein. Dort erwartet sie Malwida von Meysenbug. Die vier quartieren sich für mehrere Monate in der Villa Rubinacci ein. Fleißig wird hier gearbeitet. Die kleine Gruppe bildet einen hoch motivierten Lese- und Diskussionszirkel. Auf dem Programm stehen, um nur einige Autoren zu nennen: Jacob Burckhardt, Pedro Calderón, Miguel de Cervantes, Alphonse Daudet, Denis Diderot, Herodot, Lope de Vega, Platon, Iwan Turgenjew und Voltaire. Außerdem arbeitet jeder an seinen eigenen Buchprojekten: Meysenbug schreibt an ihrem Roman «Phädra», Rée an seiner moralphilosophischen Studie «Ursprung der moralischen Empfindungen», Brenner verfasst Novellen, und Nietzsche denkt über *Menschliches, Allzumenschliches* nach.

Die Geistesgemeinschaft fühlt sich ausgesprochen wohl. Sicherlich auch, weil Malwida von Meysenbug ihre Männer mütterlich umsorgt, vor allem kümmert sie sich um Nietzsche, der immer wieder von starken Schmerzen geplagt wird. Ein kurzer Blick in die Sorrenter Idylle zeigt, wie entspannt es zuging.

> Ist das nicht rührend? Ist das nicht ein Ersatz für die verlorne Jugend, daß im hohen Alter so viele edle Männerherzen sich zu mir flüchten wie in den heiligen Hain, in den die Furien dem Ödipus nicht folgen durften und wo er die Versöhnung für die Quale des Daseins fand?
>
> **Malwida von Meysenbug an Olga Herzen, 9. Dezember 1876**

Am 13. November 1876 beschreibt Meysenbug ihrer Pflegetochter Olga Herzen den Tagesablauf des Quartetts: «Am Morgen arbeitet Jeder für sich und ich sehe die Herren gar nicht, frühstücke für mich. Nach dem Essen ruht N. sich aus; [...] Dann gehen wir jetzt meist zusammen spazieren, herrliche Wege in das Gebirge durch Olivenwälder, neben Schluchten, aus welchen hohe Orangenbäume mit goldnen Früchten hervorsehn und auf der Höhe mit entzückenden Aussichten auf Meer, Vesuv usw. Dann zu Haus liest Rée uns noch vor dem Abendessen eine Stunde und nach demselben 1 St. lang vor, um 9 Uhr gehn wir zu Bett.»[100] Malwida ist rastlos tätig, um die Männerherzen zu beglücken, das Weihnachtsfest 1876 organisiert sie rührend. Voller Stolz berichtet sie Olga: «Ich habe meinen großen Kindern gestern auch ein Weihnachtsfest gemacht, das sehr gut ausgefallen ist.»[101] Für Nietzsche liegen unter dem Weihnachtsbaum «eine rotseidene Zipfelmütze mit langer ro-

ter Quaste» und ein paar freundliche Malwida-Verse. Der Freigeist wird seine Freude gehabt haben. Rée darf sich über einen
«Handspiegel» freuen, Brenner über einen «Regenschirm»,
auch sie werden mit braven Versen bedacht.

Doch die mütterliche Fürsorge erweist sich nicht, wie erhofft, als Patentrezept gegen Nietzsches vielfältiges Leiden. Die
werden immer schlimmer, vor allem nachdem Rée und Brenner am 10. April 1877 abgereist sind. Sieben Tage später
schreibt der Zurückgebliebene an Paul Rée: *Mehrere Tage zu Bett
gelegen, immer s c h l e c h t, bis heute. Nichts ist oeder als Ihr Zimmer
ohne Rée. Wir sprechen und schweigen viel von dem Abwesenden;
gestern wurde constatirt, dass nur Ihre «Erscheinung» abhanden gekommen sei. Abends spielen wir Mühle.*[102] Nachdem Nietzsches
potentester Gesprächspartner nicht mehr am Ort ist, fehlt die

intellektuelle Grundlage der erhofften Klostergemeinschaft *freierer Geister*. Malwida von Meysenbug kann Rée nicht ersetzen, sie ist zu sehr in ihren idealistischen Ideen verankert. Nietzsche bricht konsequenterweise – Mühlespielen befriedigt den Freigeist auf Dauer nicht – seinen Aufenthalt in Sorrent ab, obwohl er ein Jahr dort bleiben wollte. Am 8. Mai reist er über Neapel und Genua nach Ragaz zur Kur.

Fortan wird die Beziehung zwischen Malwida von Meysenbug und Friedrich Nietzsche problematischer. So wird sie sicherlich verstimmt einen Passus in Nietzsches Brief vom 1. Juli 1877 gelesen haben: *Im October bin ich entschlossen wieder nach Basel zu gehn und meine alte Thätigkeit aufzunehmen. Ich halte es nicht aus ohne das Gefühl n ü t z l i c h zu sein; und die Baseler sind die einzigen Menschen, welche es mich merken lassen, dass ich es bin. Meine sehr problematische Nachdenkerei und Schriftstellerei hat mich bis jetzt immer krank gemacht; so lange ich wirklich G e l e h r t e r war, war ich auch gesund; aber da kam die nervenzerrüttende Musik und die metaphysische Philosophie und die Sorge um tausend Dinge, die mich nichts angehen. Also ich will wieder Lehrer sein*[103]. Nietzsche, der sich wieder in einer handfesten Krise befindet, sieht nur diesen einen Ausweg, um zur Ruhe zu kommen. Das verärgert Meysenbug, weil in Sorrent einhellig beschlossen wurde, Nietzsche solle seine gesundheitsbedrohende Professur aufgeben. Mit Nietzsches Entschluss wird der Plan hinfällig, eine *Schule der Erzieher* zu gründen, ein *modernes Kloster*, eine *Idealkolonie*.[104] Die Verwirklichung dieser Idee stand ohne Zweifel in den Sternen, trotzdem ist die stets idealistische Malwida enttäuscht. Ihre Verärgerung sitzt aber noch tiefer. Denn Nietzsche macht auch Wagner und Schopenhauer, ihre beiden Hausgötter, für seinen angeschlagenen Zustand verantwortlich. Malwida von Meysenbug weiß ihren Zorn in Zaum zu halten: «Es versteht sich von selbst dass ich mein mütterliches Vorrecht in Anspruch nehme Jammerbriefe ebensowohl wie Gute, wie es sich eben fügt, zu erhalten.»[105]

Malwida von Meysenbug unterstützt Nietzsche trotz der ersten Unstimmigkeiten zunächst noch sehr fürsorglich. Das zeigt ihre Reaktion auf eine bedeutungsvolle Postkarte Nietzsches, die sie im Juni 1878 aus Basel erhält: *[...] ich will stille meinen Weg gehen und auf alles verzichten, was mich daran hindern könnte. Die Krisis des Lebens ist da: hätte ich nicht das Gefühl der übergroßen Fruchtbarkeit meiner neuen Philosophie, so könnte mir wohl schauerlich einsam zu Muthe werden. Aber ich bin mit mir einig.*[106] Ihre Antwort ist bezeichnend, zunächst identifiziert sie sich – sie hat schließlich Ähnliches erlebt – schwärmerisch mit dem krisengeschüttelten, aber zukunftsschwangeren Philosophen, der sechs Wochen zuvor *Menschliches, Allzumenschliches* veröffentlicht hat: «Immerfort tönte es mir im Sinn: ‹die Krisis des Lebens ist da›. – Ach dieser wunderbare Augenblick wo man es fühlt dass die Krisis da ist, das Gethsemane wo man wählt ob der Kelch vorüber gehn soll oder nicht! Sie werden ihn trinken den Kelch der Einsamen, muthig, unverzagt, des bin ich gewiss.»[107] Trotz dieses religiös eingekleideten Mitgefühls kritisiert sie vorsichtig den Freigeist. *Menschliches, Allzumenschliches* missfällt ihr ebenso wie den Wagners. Malwida von Meysenbug hat auch schon den Grund für die philosophische Richtungsänderung geortet: Paul Rée. Sein analytisches Denken habe den einstigen Wagner-Jünger vom rechten Weg abgebracht. Deswegen formuliert sie einen mütterlichen Ratschlag: «Sie sind nicht zur Analyse geboren wie Rée; Sie müssen künstlerisch schaffen und trotzdem Sie sich gegen die Einheit sträuben, so wird Ihr Genius Sie doch wieder zu derselben führen wie in der Geburt der Tragödie, nur keine metaphysische mehr. [...] Sie können nicht wie Rée mit dem anatomischen Messer Beine und Arme hinlegen und sagen so ist der Mensch zusammengesetzt. Bei Ihnen tritt die Minerva in vollem Strahlenglanze ihrer jungfräulichen Göttlichkeit, als vollkommne Gestalt hervor und wohl Ihnen dass das die Eigenart Ihres Genius ist und wohl uns dass Sie, nach einem Streifzug ins Gebiet der Analyse, zu derselben zurückkehren werden.»[108] Meysenbug hegt heroisch die Hoffnung, Nietzsche könne zu seiner Kunstphilosophie zurückkommen, dafür nimmt sie sogar in Kauf, dass er auf die metaphysische Linie der *Geburt der Tragödie* verzichtet. Der Freigeist hat jedoch längst seine ‹göttliche Jungfräulichkeit› verloren. Er nimmt von nun an keine Rücksicht mehr auf die wagnerinfizierten Einwände der Freundin. Friedrich Nietzsche wird die Arbeit in Basel vollends zur Qual, nachdem *Menschliches, Allzumenschliches* erschienen ist. 1879 gibt er schließlich seine Professur auf, denn sein *Zustand ist eine Thierquälerei und Vorhölle*[109]. Am 14. Juni erhält er die Entlassungsurkunde.

Der Briefverkehr bricht zunächst fast vollständig ab. Es kommt dann schließlich zu einem Einschnitt, als Malwida von Meysenbug am 14. Januar 1880 einen Abschiedsbrief, einen vorläufigen, von Nietzsche erhält. Er sieht ein nahes Ende bevorstehen: *Obwohl Schreiben für mich zu den verbotensten Früchten gehört, so müssen Sie, die ich wie eine ältere Schwester liebe und verehre, doch noch einen Brief von mir haben – es wird doch wohl der letzte sein! Denn die furchtbare und fast unablässige Marter meines Lebens läßt mich nach dem Ende dürsten, und nach einigen Anzeichen ist mir der erlösende Hirnschlag nahe genug, um hoffen zu dürfen.*[110] Nietzsche war davon überzeugt, dass er sterben müsse. Wie sein Vater würde er mit fünfunddreißig Jahren von einem Hirnschlag aus dem Leben gerissen werden, wobei die wahre Todesursache des Vaters nicht eindeutig geklärt ist. Dieses Hirnschlag-Trauma beschäftigt und quält Nietzsche zeitlebens. Malwida von Meysenbug jedenfalls beantwortet den Brief nicht, sie scheint wirklich zu glauben, dass sein nahes Ende bevorsteht. Sie teilt Olga am 10. Februar Folgendes mit: «Daß Nietzsche mir einen Abschiedsbrief für diese Welt geschrieben, sagte ich Dir schon, nicht wahr? Es ist sehr rührend und wahrhaft großartig, wie er stirbt; kein Philosoph des Altertums und kein christlicher Märthyrer ist mit erhabenerer Resignation gestorben.»[111] Reichlich idealistisch-antik nimmt sie Friedrich Nietzsches zu erwartenden Tod in Kauf. Rückblickend wird sie 1901 in ihrem Werk «Individualitäten» weniger pathetisch bemerken, dass es vielleicht damals besser gewesen wäre, «ihn abzurufen»[112].

Erst als Nietzsche ihr im März 1882 aus Genua wieder einen vor Lebenskraft sprühenden Brief schreibt – auf der Schreibmaschine –, antwortet sie ihm aus Rom: «Lieber Freund, denn ich halte an dieser Benennung fest, da mein Herz

Malwida von Meysenbug an ihrem Schreibpult in Rom

sie niemals verleugnet hat, ich freue mich innig, dass wir uns auch räumlich wieder näher sind, wie wir, ich hoffe es, es uns immer im Geiste waren. Nach jenem Abschiedswort habe ich, da ich hörte dass Ihr damaliger Gedanke nahen Scheidens sich nicht verwirklicht hätte, immer auf ein Zeichen von Ihnen gewartet. Eine Menge Versuche zu erfahren wo Sie wären führten zu nichts.»[113] Bis 1884 führen beide noch einmal einen mehr oder weniger intensiven Briefwechsel. Vor allem aus einem Grund: Nietzsche verliebt sich in Lou Andreas-Salomé. Die vielfältigen Probleme, die während dieser Affäre entstehen, diskutiert er auch mit Malwida von Meysenbug. Immerhin trägt sie eine gewisse Mitschuld. Sie macht Nietzsche, dessen Heiratspläne sie immer wieder engagiert unterstützt, auf die junge Dame aufmerksam: «Ein sehr merkwürdiges Mädchen [...] scheint mir ungefähr im philosophischen Denken zu denselben Resultaten gelangt zu sein, wie bis jetzt Sie, d. h. zum praktischen Idealismus, mit Beiseitelassung jeder metaphysischen Voraussetzung und Sorge um die Erklärung metaphysischer Probleme. Rée und ich stimmen in dem Wunsch überein Sie einmal mit diesem ausserordentlichen Wesen zusammen zu sehn»[114].

Die Freundschaft zwischen Malwida von Meysenbug und Friedrich Nietzsche nähert sich nach dessen letztem Liebesabenteuer schließlich dem Ende. Im März 1885 beantwortet der Freigeist einen nicht überlieferten Brief Malwidas: *Sie wundern sich darüber, daß ich Ihnen gar nicht mehr schreibe? Ich wundere mich gleichfalls darüber; aber immer, wenn ich mich dazu anschicke, legte ich endlich die Feder wieder weg. Wüßte ich die Gründe dafür genau, so würde ich mich nicht mehr wundern, aber – vielleicht betrüben.*[115] Der vereinsamte Nietzsche vermag zwar nicht den Grund seiner Schreibhemmung zu diagnostizieren, aber die Ursachen liegen auf der Hand. Die einstige Seelenverwandtschaft mit Malwida von Meysenbug hat zu viele Verluste erlitten: Wagner ist verloren, Schopenhauer ist überwunden, die Heiratspläne sind gescheitert. Außerdem verstört Meysenbug seine philosophische Freigeisterei zunehmend. Sie unterschätzt Nietzsches Modernität, weil sie ihrem ästhetischen Idealismus verhaftet bleibt. Nur so ist ihre Fehleinschätzung in den «Individualitäten» zu verstehen: «Ich glaube nicht, dass Nietzsche, wie Viele meinen, ein so gewaltiger Revolutionär im Reiche des Geistes und der Moral war»[116].

Einmal, am 20. Oktober 1888, wirft Nietzsche Meysenbug vor, dass sie ihn schlichtweg missverstanden habe. Hier lässt er die Maske der konventionellen Höflichkeit fallen: *Ich habe allmählich fast alle meine menschlichen Beziehungen abgeschafft, aus Ekel darüber, daß man mich für etwas Andres nimmt als ich bin. Jetzt sind Sie an der Reihe. Ich sende Ihnen seit Jahren meine Schriften zu, damit Sie mir endlich einmal, rechtschaffen und naiv, erklären «ich perhorrescire jedes Wort». Und Sie hätten ein Recht dazu. Denn Sie sind «Idealistin» – und ich behandle den Idealismus als eine Instinkt gewordene Unwahrhaftigkeit, als ein Nicht-sehn-wollen der Realität um jeden Preis: jeder Satz meiner Schriften enthält die Verachtung des Idealismus. [...] Verstehn Sie nichts von meiner Aufgabe? Was es heißen will «Umwerthung aller Werthe»? [...] Sie haben sich, in Ihrem ganzen Leben, fast über Jedermann getäuscht: nicht wenig Unheil, auch in meinem Leben, geht darauf zurück, daß man Ihnen Vertrauen schenkt und daß Ihr Urtheil absolut unvertrauenswürdig ist. [...] Sie haben nie ein Wort von mir verstanden, nie einen Schritt von mir verstanden: es hilft nichts; darüber müssen wir unter uns Klarheit schaffen*[117]. Nietzsche rechnet bedingungslos mit Malwida von Meysenbug ab, nie, und darin ist ihm zuzustimmen, kritisiert sie sein Werk sachlich, meistens, selbst bei *Menschliches, Allzumenschliches*, spielt sie das kritische Potential Nietzsches herunter. Anders formuliert: Sie redet um den heißen Brei herum.

Aber wenn Wagner ins Spiel kommt, verteidigt Sie, dies sollte auch festgehalten werden, den «Meister» beeindruckend gegen Nietzsche. Sie lässt sich nicht von Nietzsches Hasstiraden gegen den Komponisten hinreißen. Als Nietzsche ihr gegenüber im Oktober 1888 eine Geschmacklosigkeit anzettelte, weiß sie sich zu wehren. Er schickt Malwida von Meysenbug den gerade erschienenen Band *Der Fall Wagner. Ein Musikanten-Problem*, eine Schmähschrift. Er teilt rückblickend Meta von Salis-Marschlins mit, was er im Sinn hatte: *Ich sandte ihr, mit einer kleinen Bosheit im Hintergrunde, vier Exemplare des «Falls Wagner», mit dem Ersuchen, für eine gute französische Übersetzung einige Schritte zu thun.*[118] Doch die einstige Freundin kontert, das Fragment ihres Briefes ist noch erhalten. «Ich [...] kann», so beginnt ihre Erwiderung, «Ihnen auch freimüthig Opposition machen und Ihnen sagen wo ich finde daß Sie Unrecht haben. Ich bin auch der Ansicht daß man eine alte Liebe, selbst wenn sie erloschen ist, nicht so behandeln darf wie Sie W[agner] behandeln; man beleidigt sich damit selbst, denn man hat doch einmal ganz und voll geliebt und der Gegenstand dieser Liebe war doch kein Phantom, sondern eine ganze volle Wirklichkeit.»[119] Schon seit Jahren verstimmten sie die ständigen Ausfälle gegen Wagner, jetzt endlich sagt sie Nietzsche energisch die Meinung. Vielleicht hat diese gerechtfertigte Kritik Nietzsche kurz vor seinem geistigen Zusammenbruch dazu bewogen, am 4. Januar 1889 auf einem der «Wahnsinnszettel» zu notieren, *so ist ihr doch Viel verziehn, weil sie mich viel geliebt hat*[120].

Marie Baumgartner

Eine andere Art Mutterliebe erfährt Nietzsche von Marie Baumgartner.[121] Sie lernt er im März 1874 in Lörrach kennen. Er wurde von seinem Schüler Adolf Baumgartner, den er 1873/74 auf dem Gymnasium unterrichtete, in dessen Elternhaus eingeführt. Der Professor ist von der dreizehn Jahre älteren Marie angetan. Die Mutter des Zöglings ist gebildet, weltoffen und obendrein eine Liebhaberin der französischen Kultur, zeitlebens bleibt die gebürtige Elsässerin trotz deutscher Staatsangehörigkeit Frankreich verbunden. Nietzsche ist ihr sympathisch, weil der in seiner ersten *Unzeitgemässen Betrachtung – David Strauss, der Bekenner und der Schriftsteller* – auf die Problematik des deutschen Sieges von 1870/71 hinweist. Weil Nietzsche Frankreichs Kultur verehrt, bietet Marie Baumgartner ihm an, seine Werke ins Französische zu übersetzen. Zunächst überträgt sie die dritte *Unzeitgemässe Betrachtung: Schopenhauer als Erzieher.* Später übersetzt sie noch die vierte *Unzeitgemässe Betrachtung: Richard Wagner in Bayreuth.*

Nietzsche kehrt in den nächsten Monaten öfters bei der hilfreichen Dame ein. Die vertraulichen Gespräche bestätigen den ersten Eindruck: Man schätzt den Umgang miteinander. Der Professor diagnostiziert wieder eine Seelenverwandtschaft; Marie dagegen favorisiert insgeheim eine intimere Beziehung, obwohl sie mit Jakob Baumgartner verheiratet ist. Die Ehefrau muss ihre Gefühle unterdrücken, auch weil sie spürt, dass Nietzsche eine engere Beziehung nicht im Sinn hat. Aufschlussreich ist ihr Brief vom 24. Dezember 1875: «[…] und lassen Sie es mich heute von neuem bekennen, verehrter Herr, eine Neigung die auf Dankbarkeit, auf Bewunderung und Mitleid zugleich begründet ist, sie kann nicht leicht vergänglich sein. Genügt doch schon Eine dieser Bedingungen manchmal um das schönste Verhältniß in's Leben zu rufen! Und so denke ich daß meine Liebe für Sie Etwas zuverlässiges, dauerndes sein muß und bleiben muß; und Sie wissen, Liebe – oder wenn Sie lieber wollen, Freundschaft – ist für mich Etwas Heiliges, Verpflichtendes, wie eine Weihe.»[122] Dieses Bekenntnis, so darf vermutet werden, gefiel Nietzsche sicherlich. Marie Baumgartner ordnet sich in den folgenden Monaten seinen Bedürfnissen unter. Sie ist eine dankbare, mütterliche Zuhörerin, glaubt sie doch, dass so diese Freundschaft – sie benutzt vorzugsweise den Begriff «Liebe» – auf immer zu

Marie Baumgartner, geb. Köchlin

1831 in Mülhausen (Elsaß) geboren, lebt zeitweise in Rouen. Verheiratet mit Jakob Baumgartner (1815–1890). Der Sohn Adolf Baumgartner (1855–1930) wird 1890 Professor für allgemeine Geschichte in Basel. 1883 letzter Briefkontakt mit Nietzsche. 1897 Tod in Lörrach.

erhalten sei. Aber der Briefwechsel, der 1874 und 1875 recht ausgiebig war, trotz der zahlreichen Ausflüge Nietzsches nach Lörrach, nimmt ein Jahr später ab. Erst als Friedrich Nietzsche unter der Last seiner Professur in Basel fast zerbricht, meldet er sich wieder regelmäßiger bei Marie Baumgartner.

Am 23. Oktober 1878 kündigt er ihr aus Basel endlich seinen Besuch an: *Nächsten Samstag Nachmittag mache ich den Versuch, Sie zu Hause zu treffen [...] Ist es Ihnen genehm, so bedarf es keiner Zeile*[123]. Selbstverständlich ist Marie Baumgartner die lang ersehnte Zusammenkunft angenehm. Der kränkelnde Professor besucht sie am kommenden Samstag. Schon am nächsten Tag erhält sie von ihm eine Postkarte, er bedankt sich für die gemeinsam verbrachten Stunden. Allerdings beklagt er sich gleichzeitig wieder über seinen desolaten körperlichen Zustand. Marie Baumgartner beantwortet die Karte noch am selben Tag, sie bietet sich wieder als Krankenschwester an, nicht ohne Hintergedanken: «Oh, nicht wahr, Sie wissen es, wie gern ich den Balsam erfinden möchte, der Ihren Augen, Ihrem Körper die volle Kraft wieder geben könnte! [...] Sie nennen sich heute meinen ‹Freund›, verehrter Herr, und mein

Herz dankt Ihnen dafür, denn mir sind Sie wahrlich ein Freund, und ein wie theurer Freund, obgleich ich es noch nie wagte, Sie so zu nennen – aus Furcht, und weil dieses Wort seine volle Bedeutung erst gewinnt wenn eine Gegenseitigkeit möglich ist. – und doch, wenn Sie auch in bitterster Weise das Geliebt-sein-wollen für die größte Anmaßung halten, so hoffe ich ja ich hoffe noch immer, daß eine Zeit kommen wird wo Sie auch mich Ihren Freund nennen! Und wo sollte denn die Anmaßung liegen, wenn ich wünsche: Ihnen Freude machen, Ihnen nützlich sein zu können – nicht in dem Maaße wie mich Ihr Vertrauen beglückt, aber in dem Verhältniß welches möglich wäre, wenn Sie wüßten, wie rein, wie gut und aufrichtig es meine Seele meint!»[124] Verklausulierter und vorsichtiger kann ein Liebesbekenntnis kaum formuliert werden. Sie hofft und wagt, und schließlich deutet sie an, dass eigentlich mehr «möglich wäre». Doch für den Philosophen kommt das gewünschte Verhältnis nicht in Frage, er hält Marie auf Distanz: *Sie haben an mir viel, viel weniger gefunden als Sie erwarteten, und ich weiß jetzt, daß ich unendlich mehr empfangen habe und besitze, als ich verdiene – nämlich eine zuverlässige treue Seele, welche überdies den E h r g e i z hat, die Treue auf Erden mir gegen alle skeptischen Einflüsterungen zu b e w e i s e n. So empfinde ich es: thut es Ihnen wehe? – Ich hoffe nicht.*[125] Marie Baumgartner wird deutlich, aber höflich, in ihre Schranken gewiesen, als treu sorgende Seele ist sie willkommen, mehr ist jedoch nicht möglich. Doch sie lässt nicht locker, zwei Tage nach Nietzsches Abgrenzungsversuch schreibt sie, dass sein «ganzes Thun und Wesen» so sei, dass man ihn «lieb haben»[126] müsse. Deswegen wird der Professor weiterhin mit Nahrungsmitteln beliefert, diese Aufgabe darf sie weiter übernehmen: «Verehrter Herr, hier die gewünschten Zwiebacke und die dürren Pflaumen die ich Ihnen neulich versprach. Diese kleinen Zwiebacke sind diejenigen die wir hier den kleinen Kindern geben als allererste Nahrung beinahe – sie sind unschädlicher und bleiben länger gut als die großen die Sie vor einigen Wochen bei mir versucht.»[127] Die Kindernahrung bekommt dem Philosophen, den ein schwacher Magen plagt, sehr gut.

Inzwischen geht es Marie Baumgartner gesundheitlich schlecht. Sie meldet sich erst am 17. Januar 1879 wieder bei Nietzsche, sie entschuldigt sich: Sie lag über Neujahr «tief gedrückt im Geist» zu Bett. Vielleicht lag die Gefühlsverstimmung an ihrem vergeblichen Versuch, den geliebten Mann in der ersten Januarwoche in Basel anzutreffen. Sie kommt dort in der Nähe seiner Wohnung vorbei, wagt allerdings nicht zu stören, denn sie sieht, dass der Professor Besuch hat: «So gern ich auch damals erfahren hätte, wie es Ihnen gehe, mochte ich doch nicht bis zu Ihrem Hause wandern, ich war zu traurig, ich hätte geweint, und das können Sie nicht brauchen vor Ihren Gästen!»[128]

> Die Liebe eines edlen Menschen besitzen und wissen, daß er von unserer Treue fest überzeugt ist, – wenn das nicht die höchste Erkenntniß ist, so ist es doch der höchste Besitz und der einzige Himmel auf Erden. Wenn man das gehabt hat, kann man sich ruhig kreuzigen lassen, es wäre nichts besseres nach gekommen!
>
> **Marie Baumgartner an Nietzsche, 17. Januar 1879**

Ihr Zustand verschlechtert sich, als Nietzsche im selben Jahr seinen Haushalt in Basel auflöst. Sie ist zutiefst betrübt. Kurz bevor er Basel verlässt, nach ihrem gemeinsamen Abschiedstreffen, schreibt sie: «Ich bin gestern recht schweren Herzens von Ihnen fortgezogen, verehrter Herr, aber auch in tiefster Seele von Ihrem Muth und Ihrer Ruhe gerührt und erbaut! Ich habe heute Nacht kaum eine Stunde schlafen können»[129]. Ihre Enttäuschung über seine Abreise sitzt tief, deswegen schreibt sie ihm erst sieben Monate später, nachdem Nietzsches Schwester sie gebeten hatte, sich wieder einmal bei ihrem Bruder zu melden. Doch sie ist bedrückt und ein klein wenig eingeschnappt: «Ich suchte mich daran zu gewöhnen, ohne Sie zu leben, und dachte mir, der Briefwechsel mit Elisabeth und Herrn Overbeck werde Ihnen genügen. [...] Nach Basel bin ich nicht mehr gegangen und ich bleibe überhaupt lieber fern von Basel seit ich Sie nicht mehr dort finden kann. [...] Ich wünsche Ihnen Viel, Viel Gutes, viel Ruhe und Hoffnung, Geduld und Freudigkeit; und meine Gedanken sind viel bei Ihnen mit unveränderter Hingebung»[130]. Am 18. November antwortet Nietzsche, der vor allem mit sich selbst beschäftigt ist, aus Naumburg, er schreibt ihr eine Postkarte: *Liebe verehrte Frau Baumgartner, so muß denn doch die Ka r t e dran! Ich finde das, was zu einem Briefe gehört, seit Wochen, nicht zusammen; und ich fühle andererseits, daß ich auf einer Karte Ihnen nichts zu sagen habe! Wenn irgend ein Mensch, so sollten S i e hübsche lange und i n - nerliche Briefe von mir erhalten, wie Sie mir solche schreiben (und v i e l besser als ich's vermöchte) Nun geht es aber nicht, und darüber verstumme ich ganz. Ach, wie satt habe ich es, über mein S c h l e c h t - befinden zu berichten!*[131] Nietzsche, der vor dem Aufbruch zu neuen geistigen Ufern steht, hat Marie Baumgartner nichts Substanzhaltiges mehr zu sagen. Wir erinnern uns: Auch Malwida von Meysenbug wurde mit solch einem ‹sprachlosen Brief› konfrontiert. Der Abstand zwischen Marie Baumgartner und Nietzsche ist augenscheinlich zu groß geworden. Der gescheiterte Professor kann ihr keine langen, innerlichen Briefe schreiben, weil er ihr nichts dergleichen sagen könnte. Auch über seine Krankheiten will er schweigen. Damit wird Marie, die immer eine mitfühlende Zuhörerin war, überflüssig. Zwar tauschen beide in den nächsten Jahren noch einige Briefe aus, doch die durchweg höflich anerkennende Distanz ist nicht zu überlesen. In seinem letzten Brief an Marie Baumgartner, der vom 28. Mai 1883 stammt, bittet er um Erhalt der Freundschaft, auch wenn sich beide nie mehr wiedersehen werden: *Bleiben Sie mir gut, auch wenn ich «verschwunden» und «verflogen» bin!*[132]

Lou Andreas-Salomé: «Ich bin nach dieser Gattung von Seelen lüstern»

Nietzsches Befinden ist im Dezember 1882 bestürzend. In einem Briefentwurf, den er in der Reinschrift entschärft und diese dann Paul Rée und Lou Andreas-Salomé sendet, gibt er Auskunft über seine verzweifelte Lage. Hier interessiert der eindringlichere Entwurf: *An jedem Morgen verzweifle ich, wie ich den Tag überdaure. Ich schlafe nicht mehr: was hilft es 8 Stunden zu marschiren! Woher habe ich diese heftigen Affekte! Ach etwas Eis! Aber wo giebt es für m i c h noch Eis! Heute Abend werde ich so viel Opium nehmen, daß ich die Vernunft verliere: Wo ist noch ein M[ensch] den man v e r e h r e n könnte! Aber ich kenne Euch Alle durch und durch. Beunruhigen Sie sich nicht zu sehr über die Ausbrüche meines Größenwahns oder meiner verletzten Eitelkeit: und wenn ich selbst aus den genannten Affekten mir zufällig einmal das Leben nehmen sollte, so würde auch dann nicht gar zu viel zu betrauern sein. [...] Erwägen Sie Beide doch sehr miteinander, daß ich zuletzt ein kopfleidender Halb-Irrenhäusler bin, den die Einsamkeit vollends verwirrt hat. – Zu dieser, wie ich meine verständigen Einsicht in die Lage der Dinge komme ich, nachdem ich eine ungeheure Dosis Opium a u s Ver z w e i f l u n g eingenommen habe. Statt aber den Verstand dadurch zu verlieren, scheint er mir endlich zu k o m m e n.*[133] Ohne Zweifel geht es Nietzsche, der sich an der ligurischen Küste in Rapallo aufhält, alles andere als gut. Er denkt an Selbstmord, nimmt Opium und, wie er Overbeck wenig später mitteilt, Schlafmittel. Eine Personenkonstellation, die so genannte Dreieinigkeit, ist Auslöser seines desolaten Zustandes: Lou Andreas-Salomé, Rée und Nietzsche.

Beginnen wir am Anfang. Der Denker, der in der Regel Frauen auf Distanz hält, unternimmt 1882 den Versuch, die einundzwanzigjährige Russin Louise Andreas-Salomé[134] zu erobern: mit Haut und Haaren. Das Objekt der Begierde wird am

Lou Andreas-Salomé in Zürich, 1882

12. Februar 1861 als sechstes Kind und einzige Tochter des Generals Gustav von Salomé und seiner Frau Louise in St. Petersburg geboren. Nachdem die Tochter die protestantisch-reformierte Petrischule absolviert hat, soll sie heiraten. Doch Lou hat anderes im Sinn. Sie ist gerade siebzehn Jahre alt, als sie sich dem um fünfundzwanzig Jahre älteren Prediger Hendrik Gillot anschließt, der übrigens ihren Vornamen auf Lou verkürzt. Der Prediger unterrichtet sie eifrig, sie lesen gemeinsam Spinoza, Kant und Kierkegaard. Die Schülerin ist begeistert, endlich lernt sie Denksysteme kennen, die sie allmählich von der wenig geliebten Mutter, der Vater stirbt 1879, emanzipieren. Sie verehrt den charismatischen Gillot schwärmerisch,

der sie jedoch falsch versteht und ihr einen Heiratsantrag macht. Lou lehnt ab, zumal der verheiratete Prediger und Vater von zwei Töchtern bei der gemeinsamen Lektüre handgreiflich wird. Ihre schwärmerische Liebe zum Vaterersatz endet damit schlagartig.

Im Herbst 1880 reist sie mit ihrer Mutter nach Zürich, dort studiert sie Theologie und Philosophie bei dem Hegelianer Alois Emanuel Biedermann, der die engagierte Studentin unterstützt. Außerdem gehört Kunstgeschichte zu ihrer Geistesnahrung. Doch die junge Russin übertreibt, Tag und Nacht sitzt sie über den Büchern. Der Körper rächt sich, sie bricht zusammen. Lou Andreas-Salomé beendet vorläufig ihr Studium und begibt sich mit der Mutter in Kur. Schließlich reisen beide Anfang 1882 nach Rom, dort lernen sie den Geisteszirkel um Malwida von Meysenbug kennen. Hier begegnet Lou Paul Rée, der ist sofort von der jungen Dame begeistert. Der Betörte berichtet Nietzsche umgehend von der unerwarteten Entdeckung. Dieser Brief ist zwar nicht erhalten, aber man kann durchaus vermuten, dass der Freund ihm eine seelenverwandte junge Frau in Aussicht stellt. Die käme dem Philosophen, der sich immer mehr in seine Einsamkeit zurückzieht, gerade recht, denn er sucht nach Gesprächspartnern, mit denen er seine Philosophie diskutieren kann. Friedrich Nietzsche antwortet froh gelaunt am 21. März 1882 aus Genua: *Grüssen Sie diese Russin von mir wenn dies irgend einen Sinn hat: ich bin nach dieser Gattung von Seelen lüstern. Ja ich gehe nächstens auf Raub darnach aus – in Anbetracht dessen was ich in den nächsten 10 Jahren thun will brauche ich sie.*[135] Nietzsche würde, so phantasiert er hier, Lou Andreas-Salomé sogar heiraten, mit einer Einschränkung allerdings: *[...] ich könnte mich höchstens zu einer zweijährigen Ehe verstehen, und auch dies nur in Anbetracht dessen was ich in den nächsten 10 Jahren zu thun habe.*[136] Ein Intermezzo mit einer Frau käme zwar in Frage, aber es sollte den Denker nicht von der Arbeit abhalten. Nietzsche jedoch wird schwach, weil Rée und Meysenbug in den höchsten Tönen von Lou schwärmen. Schließlich versprechen sie ihm die ideale Jüngerin seiner Philosophie. Dieser gut gemeinte Ratschlag erweist sich als fatal, weil er unrealistische Hoffnungen in Nietzsche weckt. Er ist jetzt nicht mehr aufzuhalten und teilt Overbeck seinen Wunsch mit: *[...] ich brauche einen jungen Menschen in meiner Nähe, der intelligent und unterrichtet genug ist, um mit mir a r b e i - t e n zu können.*[137] Der junge Mensch, den er im Sinn hat, ist, wie könnte es auch anders sein, Lou Andreas-Salomé.

Allerdings reist Nietzsche nicht sofort nach Rom, um die vielversprechende Frau kennen zu lernen. Er schifft sich zunächst am 29. März 1882 nach Messina ein, um dort zu arbeiten. Seine Freunde informiert er nicht über diese Reise. Schließlich erhält er in Messina einen Brief Rées, der inzwischen herausgefunden hat, dass sich der Freund dort aufhält: «Sie haben am meisten die junge Russin durch diesen Schritt in Erstaunen und Kummer versetzt. Dieselbe ist nämlich so begierig geworden, Sie zu sehen, zu sprechen, [...] und sie war sehr zornig, Sie so ganz entrückt zu sehen. Sie ist ein energisches, unglaublich kluges Wesen mit den mädchenhaftesten, ja kindlichen Eigenschaften.» Lou will sogar mehr, wie Rée berichtet, «Sie möchte sich so gern, wie sie sagte, wenigstens ein nettes Jahr machen, und das sollte nächsten Winter sein. Dazu rechnet sie als nöthig Sie, mich und eine ältere Dame, wie Frl. v. Meysenbug, [...] aber diese hat keine L u s t. Könnte man nicht dieses Zusammensein arrangiren – Aber wer als ältere Dame?»[138] Nietzsche fühlte sich sicherlich von Lou Andreas-Salomés Wunsch geschmeichelt. Dass die geplante «Dreieinigkeit» von einer Anstandsdame bewacht werden soll, ist kein Hindernis, vielmehr gesellschaftlich zwingend notwendig, um Gerüchten vorzubeugen. Friedrich Nietzsche folgt dem Lockruf. Er bricht den für mehrere Monate geplanten Aufenthalt in Messina ab, angeblich wegen des unverträglichen Klimas. Nietzsche trifft am 23. oder 24. April 1882 in Rom ein. Er besucht sofort Malwida von Meysenbug, die schickt ihn zum Petersdom, wo sich Lou Andreas-Salomé und Paul Rée aufhalten. Rée sitzt in einem Beichtstuhl und arbeitet an seinen alles andere als frommen Aphorismen, als Nietzsche eintritt und die junge Dame begrüßt: «Von welchen Sternen sind wir uns hier einander zugefallen?»[139] Friedrich Nietzsche, der sofort von Lou begeistert ist, schreitet ziemlich schnell, wie sechs Jahre zuvor bei Mathilde Trampedach, zur Tat. Er beauftragt Rée, seinen besten Freund, Lou einen Heiratsantrag zu übermitteln. Nietzsche konnte nicht ahnen, dass Rée selbst schon um die Hand des Mädchens angehalten hatte. Er bekam einen Korb. Lou Andreas-Salomé hatte trotz der nächtlich-romantischen Spaziergänge mit Rée in Rom kein Interesse an einer sinnlich-erotischen Verbindung. In ihrem «Lebensrückblick» erinnert sie sich, was sie Paul nach dem erteilten Korb zu sagen hatte: «Vorerst mußte ich nun erst ihm selber plausibel machen, wozu mein ‹für Lebenszeit abgeschlossenes› Liebesleben und wozu mein total entriegelter Freiheitsdrang mich veranlaßten.»[140]

Damit hat auch Nietzsche von vornherein keine Chance bei der jungen Frau. Eine intime Beziehung kommt für sie nicht in Frage. Nietzsches Heiratsantrag wird höflich abgelehnt. Sie sei, so berichtet ihm Rée schonend, prinzipiell gegen die Ehe, außerdem würde sie ihre Pension durch eine Heirat verlieren. Diese Begründung tüftelten Lou und Rée gemeinsam aus, schließlich sollte der Freund nicht gekränkt werden, denn die «Dreieinigkeit» stand auf dem Spiel. Den Wunsch, zu dritt in Paris zu studieren, möchte Lou Andreas-Salomé unbedingt durchsetzen, sie ist zäh. Nietzsche auch – trotz Ablehnung lässt er nicht locker.

Zwei Wochen später, am 5. Mai, treffen sich Friedrich Nietzsche, Paul Rée, Lou Andreas-Salomé und ihre Mutter im oberitalienischen Orta. Ein Ausflug auf den Monte sacro steht auf dem Programm. Den Gipfel erreichen nur Lou und Nietzsche, denn Frau Salomé muss vor dem Hügel kapitulieren, sie wird plötzlich von Kopfschmerzen geplagt. Rée muss anstandshalber, sicherlich zähneknirschend, bei der Mutter bleiben. Friedrich dagegen ist selig, endlich ist er mit der Angebeteten unter vier Augen. Beide verweilen anstößig lang auf der heiligen Erhebung, das verärgert Louise Salomé und Paul Rée, Nietzsche ignoriert gelassen die Vorwürfe, denn er schwebt inzwischen über allen Wolken. Später sprach er, so notiert es jedenfalls Lou Andreas-Salomé in ihrem Tagebuch, vom «entzückendsten Traum meines Lebens»[141]. Was auf dem Hügel wirklich passiert ist, ob es etwa zu einem Kuss kam oder nicht, bleibt Geheimnis. Fest steht allerdings, dass Nietzsche jetzt endgültig für die junge Frau entflammt ist.

Nach dem Monte-sacro-Intermezzo reist Nietzsche am 7. Mai 1882 nach Basel. Als er Zwischenstation in Luzern macht, schreibt er sofort an Rée: *Mein Freund, wie finde ich den mehrerwähnten Goldklumpen, nachdem ich den «Stein der Weisen» (es ist noch dazu ein Herz) gefunden habe? […] Ich muß durchaus Frl. [Lou] noch einmal sprechen, im Löwengarten etwa?*[142] Nietzsche glaubt tatsächlich, dass er den lang ersehnten *Stein der Weisen* in Lou Andreas-Salomé gefunden habe. Damit gibt der Professor die Distanz zu einer Frau erstmals radikal auf. Das ist problematisch, zumal er sich kaum auf weiblichem Terrain auskennt. Der sonst so unpraktische Philosoph handelt zunächst zielsicher. Er vereinbart mit Rée und Lou ein Treffen in Luzern. Nietzsche brennt darauf, als die beiden endlich da sind, die hohen Erwartungen, die auf dem Monte sacro in ihm geweckt wurden, dingfest zu machen. Die drei marschieren zum Löwengarten, diesmal ohne mütterliche Aufsicht. Aber das erleichtert die Angelegenheit nicht. Paul Rée muss zwecks Aussprache die beiden im Park allein ziehen lassen. Als das Paar vor Bertel Thorvaldsens Löwendenkmal steht, gibt sich der Philo-

Löwendenkmal von Bertel Thorvaldsen, 1820/21

soph einen Ruck und fragt, so darf vermutet werden, schüchtern nach, ob er denn vielleicht doch als Gatte in Frage käme. Lou Andreas-Salomé weist ihn mit der Begründung ab, dass sie Zwei- und Dreieinigkeiten nur auf Studienebene dulde. Außerdem wolle sie ihren enthemmten Freiheitsdrang ausleben. In ihrem «Lebensrückblick» handelt sie diese Aussprache in einem Satz ab. Nietzsche kam, so berichtet sie, «mit uns in Luzern zusammen, weil ihm nun hinterher Paul Rées römische Fürsprache für ihn ungenügend erschien und er sich persönlich mit mir aussprechen wollte, was dann am Luzerner Löwengarten geschah» [143]. Friedrich Nietzsche gibt sich jedoch nicht geschlagen, noch ist er erstaunlicherweise voller Zuversicht.

Nach Lou Andreas-Salomés Autonomiebekundung wächst der Problemdruck innerhalb des Dreigestirns. Die junge Russin, das ist nicht zu übersehen, dirigiert die beiden Männer nach ihren Wünschen, die sind nicht in der Lage, sich dem raffinierten Charme Lous zu entziehen. Vielleicht hat Nietzsche deswegen Lou Andreas-Salomé und Paul Rée noch in Luzern in das Fotoatelier von Jules Bonnet gedrängt, um diese Zwänge – sicherlich unbewusst – bildlich darzustellen: mit einem lachenden und einem weinenden Auge. Dort entstand das berühmt-kitschige Foto, auf dem die beiden Freunde unter der Peitsche Lous stehen.

Am 16. Mai 1882 reisen die drei aus Luzern ab. Nietzsche fährt für mehrere Wochen zu Mutter und Schwester nach Naumburg. Er berichtet der Familie zunächst noch nichts von Lou Andreas-Salomé, sie wäre alles andere als erfreut gewesen. Vorerst stürzt er sich in die Arbeit. Er redigiert das Druckmanuskript für die *Fröhliche Wissenschaft*, die noch im selben Jahr erscheint. Die Schwester und ein bankrotter Kaufmann unterstützen ihn. Das neue Werk verdrängt jedoch nicht die Gedanken an Lou, sie geistert immer noch in seinem Kopf herum. Ende Mai schreibt er der jungen Dame einen Brief, der Bände spricht: *Hier in Naumburg bin ich bisher in Bezug auf Sie und uns ganz schweigsam gewesen. So bleibe ich unabhängiger und stehe Ihnen besser zu Diensten. – Die Nachtigallen singen die ganzen Nächte durch vor meinem Fenster. – Rée ist in allen Stücken ein besserer*

Lou Andreas-Salomé, Paul Rée und Friedrich Nietzsche. Foto von Jules Bonnet, Luzern 1882: «Nietzsche weit im Vordergrund, derb und vergröbert in einer Querstellung, die mich unwillkürlich an einen widerspenstigen Ackergaul erinnerte.» (Resa von Schirnhofer)

Freund als ich es bin und sein kann; beachten Sie diesen Unterschied wohl! – Wenn ich ganz allein bin, spreche ich oft, sehr oft Ihren Namen aus – zu meinem größten Vergnügen![144] Der Philosoph, dem plötzlich Nachtigallen, Lou Andreas-Salomé wusste diese Metaphorik zu entschlüsseln, Liebeslieder singen, begibt sich nun endgültig in Gefahr, denn er versucht immer noch, die junge Frau zu betören. Die zweideutige Anspielung auf Rée zeigt, dass der Entflammte inzwischen erkannt hat, dass der Freund sein Nebenbuhler ist. Bald wird er sein Feind sein. Am gleichen Tag schreibt er auch Rée einen Brief, erste Dissonanzen werden offenkundig: *Ich bin schweigsam gewesen und werde es auch fürderhin sein – Sie wissen, in Bezug worauf. Es ist nöthig. – Man kann sich nicht auf wunderbarere Weise Freund sein als wir es jetzt sind, nicht wahr? Mein alter lieber Rée!*[145] Das klingt wie eine Nachfrage an Paul, ob er auch wirklich verstanden habe, dass er die Finger von Lou lassen soll. Diese Spannung zwischen Nietzsche und Rée wird später von Nietzsche zu einem unerquicklichen Höhepunkt getrieben.

Zunächst zieht Nietzsche die fürsorgliche Ida Overbeck ins Vertrauen. Er bereitet sie am 28. Mai 1882 auf den Besuch Lou Andreas-Salomés vor, der für den nächsten Dienstag geplant ist: *Sprechen sie über mich mit jeder Freiheit, verehrte Frau Professor; Sie wissen und errathen ja, was mir, um mein Ziel zu erreichen, am meisten Noth thut – Sie wissen auch, daß ich kein «Mensch der That» bin und in bedauerlicher Weise hinter meinen besten Absichten zurückbleibe. Auch bin ich, eben wegen des erwähnten Zieles, ein böser böser Egoist – und Freund Rée ist in allen Stücken ein besserer **Freund** als ich (was Lou nicht glauben will.) Freund Overbeck darf bei diesem Privatissimum nicht zugegen sein? Nichtwahr?*[146] Ida Overbeck soll den schüchternen Nietzsche durch geschickt lancierte Komplimente Lou Andreas-Salomé schmackhaft machen. Idas Mann Franz darf dagegen von der Kuppelei nichts erfahren, das wäre Nietzsche doch zu peinlich. Er ist scheinbar zu allem bereit, um sein Ziel zu erreichen. Der *böse Egoist* kann jedoch nicht wissen, dass der Umgang zwischen Lou Andreas-Salomé und Rée inzwischen vertrauter und verspielter geworden ist, beide duzen sich, und in ihrem Briefverkehr taucht so manches Kosewort auf. So ist Lou das «Schneckli» und Rée das «Hüsung»: das Haus für die Schnecke Lou.

Letztlich fruchtet auch Ida Overbecks Hilfe, die sie pflichtschuldig erfüllt, nichts. Nietzsche kämpft allerdings weiter um Lou. Und das geschieht am 16. Juni 1882 reichlich pennälerhaft. Andreas-Salomé teilt ihm mit, dass sie aus Berlin, wo sie

Ida und Franz
Overbeck

sich gerade aufhält, abreisen wird, und zwar für mehrere Wochen nach Stibbe zu Rée und seiner Mutter. Die Angehimmelte scheint sich, so wird Nietzsche vermuten, für Rée entschieden haben. Der eifersüchtige Philosoph antwortet postwendend: *Meine liebe Freundin, seit einer halben Stunde bin ich melancholisch und seit einer halben Stunde frage ich mich, warum? – und finde keinen andern Grund als die eben durch Ihren liebwerthesten Brief gemachte Meldung, daß wir uns nicht in Berlin sehen werden. Nun sehen Sie, was ich für ein Mensch bin! Also: morgen früh um 11 Uhr 40 will ich in Berlin sein, Anhalter Bahnhof. [...] Mein Hintergedanke ist 1) ––– und 2) daß ich in einigen Wochen Sie bis nach Bayreuth begleiten darf, vorausgesetzt, daß sie keine bessere Begleitung finden. – Das heißt sich plötzlich entschließen!*[147] Nietzsche reagiert unerwartet spontan. Er packt am nächsten Morgen sein fertiges Druckmanuskript der *Fröhlichen Wissenschaft* unter den Arm: Irgendeinen Vorwand benötigt er schließlich, um Lou zu besuchen, und macht sich auf den Weg nach Berlin. Doch *Hintergedanke* eins und zwei werden nicht realisiert, weil die Dame inzwischen mit ihrer Mutter nach Stibbe abgereist ist. Am nächsten Tag fährt der Enttäuschte wieder nach Naumburg zurück. Im Brief an Rée, den er zwei Tage nach seiner überstürzten Reise schreibt, bekennt er seinen Mangel an Vernunft, auch wenn der vordergründig nur wetterbedingt sein soll: *Mein lieber alter Freund, dieses deutsche Wolken-Wetter hat mich zu einer Art von Siechthum verurtheilt, so daß auch meine Vernunft mitunter nicht mehr vernünftig blieb [...]. Zeugniß zweitens meine Reise nach Berlin, um L[ou] und den Grunewald zu sehn; doch habe ich nur das Zweite erreicht – auf Nimmerwiedersehn! Am Tage drauf fuhr ich nach Naumburg zurück – halbtodt. – [...] In Berlin war ich wie ein verlorner Groschen, den ich selber verloren hatte und Dank meiner Augen nicht zu sehn vermochte, ob er mir schon vor den Füßen lag, so daß alle Vorübergehenden lachten. Gleichniß!*[148] Die ungeahnte Abreise Lou Andreas-Salomés setzt ihm massiv zu, *halbtodt* kehrt er nach Hause zurück. Deutlich wird hier, wie sensibel Nietzsche reagiert, wenn es um die geliebte Russin geht. Unmittelbar nach der Enttäuschung irrt der Philosoph verzweifelt durch Berlin, er verliert für kurze Zeit seine Fassung. Er ist aber in der Lage, seine Orientierungslosigkeit, seine Verwirrung zu erkennen. Diese Fähigkeit wird ihn später retten.

Obwohl er inzwischen einiges zu erleiden hatte, gibt Nietzsche immer noch nicht auf, die «Dreieinigkeit» wird nach wie vor eifrig diskutiert. Die drei wollen im kommenden Herbst zusammen in Wien studieren, später werden München und Paris in Erwägung gezogen. Andreas-Salomé und Nietzsche sind sich darin einig, dass sie zusammen mit Rée das Unternehmen in Angriff nehmen wollen. Dieses Vorhaben wird jedoch nie verwirklicht. Aber ein anderes kommt zustande. Am 18. Juni, zwei Tage nach Nietzsches kläglich gescheitertem Berliner Gastspiel, informiert er Lou Andreas-Salomé über seine Wünsche: *Ich möchte so gerne bald mit Ihnen etwas arbeiten und studieren und habe schöne Dinge vorbereitet – Gebiete, in denen Quellen zu entdecken sind, vorausgesetzt daß Ihre Augen gerade da Quellen entdecken wollen [...]. Sie wissen doch, daß ich wünsche, Ihr Lehrer zu sein, Ihr Wegweiser auf dem Wege zur wissenschaftlichen Produktion!*[149] Rée wird hier nicht in die Planung einbezogen; immerhin, so wird sich Nietzsche denken, genießt er zurzeit das Zusammensein mit seiner zukünftigen Schülerin in Stibbe.

Tautenburg, ein Dorf in der Nähe von Jena, wird als Ort der Zweieinigkeit ausgewählt. Nietzsche reist schon am 25. Juni dorthin mit seiner Schwester, die zwei Tage später wieder abreist. Tags darauf informiert er Lou Andreas-Salomé: *Meine liebe Freundin, eine halbe Stunde abseits von der Dornburg, auf der der alte Goethe seine Einsamkeit genoß, liegt inmitten schöner Wälder Tautenburg. Da hat mir meine gute Schwester ein idyllisches Nestchen eingerichtet, das mich nun diesen Sommer bergen soll. [...] Gesetzt nämlich, S i e hätten keine bessere Verwendung des Monat August's und fänden es schicklich und thunlich, hier mit mir im Walde zu leben, so würde meine Schwester Sie von Bayreuth hierher geleiten und mit Ihnen hier in Einem Hause wohnen*[150]. Diese Konstellation wird sich als gefährlich erweisen. Obwohl Nietzsche in einigen Briefen an Freunde, wie etwa Overbeck, immer wieder davon berichtet, dass er auf keinen Fall Mutter und Schwester über Lou informieren wolle, weiht er doch Elisabeth Nietzsche ein.

Blick auf Tautenburg von der gleichnamigen Burg

Dies wird sich später zwar als Fehler herausstellen, war jedoch auch unausweichlich, denn früher oder später hätte die Familie von der Verbindung erfahren. Außerdem brauchte Nietzsche dringend eine Anstandsdame, und dafür kam nur die gefügige Schwester in Frage. Es lag auf der Hand, dass die kleinbürgerliche Schwester, bestückt mit dem Naumburger Tugendinstrumentarium, nie und nimmer mit Lou Andreas-Salomé, die nach damaligen Begriffen schockierend extravagant war, einverstanden sein würde. Wie aussichtslos ein harmonisches Verhältnis zwischen den Frauen war, zeigen Elisabeths erste Eindrücke von Lou Andreas-Salomé. Rückblickend schildert sie diese am 2. Oktober 1882 Clara Gelzer, einer Freundin: «Aber als ich nun Lou kennen lernte sah ich sogleich obgleich ich sie damals gern hatte, daß es mit dem Zusammenwohnen reiner Blödsinn sei, angenommen selbst das Mädchen wäre ganz ideal reingesinnt gewesen, aber ihre Lebensgewohnheiten waren so verschieden von den unsrigen. Fritz ist eben auch peinlich ordentlich pünktlich und zur Askese geneigt.»[151] Um ihren tugendhaften Bruder vor dem Einbruch der unberechenbaren Lou zu schützen, aktiviert Elisabeth Nietzsche in den folgenden Monaten ihre gesamte Energie.

Lou Andreas-Salomé konnte nicht ahnen, wie gefährlich die Einbindung Elisabeth Nietzsches war. Deswegen teilt sie Nietzsche völlig unbefangen mit, dass sie für vier Wochen nach Tautenburg kommen wolle. Der Verliebte ist überglücklich, endlich kann er Lou in seine Philosophie einführen. In einem Briefentwurf an Malwida von Meysenbug, zwei Wochen später, verkündet Friedrich stolz, dass er endlich die ideale Schülerin gefunden habe: *Diese[s] Mädchen ist mit mir jetzt durch eine feste Freundschaft verbunden (so fest man dergl. eben auf Erden einrichten kann); ich habe seit langem keine bessere Errungenschaft gemacht. [...] Ich wünsche in ihr eine Schülerin zu bekommen, und wenn es mit meinem Leben auf die Länge nicht halten sollte, eine Erbin und Fortdenkerin.*[152] Nietzsche deutet euphorisch, allerdings zu voreilig, die Zusage Lous als *feste Freundschaft*. Der in Liebesdingen unerfahrene Philosoph interpretiert, obwohl er es hätte besser wissen können, Lous Einverständnis völlig falsch.

Der «entriegelte Freiheitsdrang» der jungen Dame ist ein unüberwindbares Hindernis. Nietzsche projiziert im Grunde genommen nur seine Wünsche auf Lou Andreas-Salomé. Diesen psychologischen Mechanismus kennt er, bezieht ihn jedoch nicht auf sich selbst: Ein Jahr zuvor erscheint Nietzsches *Morgenröthe*; dort schreibt er, dass *die Liebe einen geheimen Impuls [hat], in dem Andern so viel Schönes als möglich zu sehen oder ihn sich so hoch wie möglich zu heben*[153]. Nietzsche aber erkennt nicht, dass er sich seine Lou, eine andere als die reale, in der Einsamkeit zurechtgesponnen hat.

Lou Andreas-Salomé dagegen treibt inzwischen, so muss es zumindest den gesitteten Herrschaften vorkommen, ihr Unwesen in Bayreuth. Elisabeth Nietzsche ist schockiert. Am 24. Juli trifft die Schwester die Russin in Leipzig, beide fahren zusammen zu den «Parsifal-Festspielen». Eifersüchtig und missgelaunt beobachtet Elisabeth Nietzsche das Auftreten der unbefangenen jungen Frau. Die nämlich bekundet weniger Interesse an der Musik als an ihrem Landsmann Graf Paul Joukowsky. Zwischen beiden kam es aber lediglich zu einem ungezwungenen Umgang, der allein schon einigen sittsamen Damen missfiel – selbstverständlich auch Elisabeth Nietzsche und Malwida von Meysenbug. Die Schwester beginnt daraufhin ihre erste Gegenoffensive, schließlich muss der asketische Bruder aus den skandalösen Fängen der jungen Dame befreit werden.

Am 1. August trifft Elisabeth Nietzsche wieder in Naumburg ein und informiert ihren Bruder umgehend über Lou Andreas-Salomés Treiben. Sicherlich wird sie in einigen Punkten übertrieben haben, erreicht jedoch, dass der Bruder verärgert ist. Lou dagegen, die noch in Bayreuth weilt, schreibt Nietzsche am 2. August völlig ahnungslos: «Ihre Schwester, welche jetzt auch beinahe die meinige ist, wird Ihnen Alles von hier erzählen, – ihre Anwesenheit war mir ein großer Anhalt und ich bin ihr herzlich dankbar.»[154] Lou, die sich ausgiebig in der Bayreuther Gesellschaft amüsiert hat, besitzt kein Gespür für die hinter vorgehaltener Hand formulierte Kritik. Jedenfalls sind ihr Elisabeth Nietzsches verkrampfte Gesichtszüge, die ihr Entsetzen spiegelten, nicht aufgefallen. Deswegen kann sie Nietzsche froh gelaunt von der neu gewonnenen «Schwester» berichten. Sie konnte nicht wissen, dass Elisabeth Nietzsche inzwischen ihre Feindin war.

Nietzsche hat nichts Besseres zu tun, als Lou Andreas-Salomé umgehend zu kritisieren. Sie reagiert trotzig. Sie möchte ihre Abreise nach Tautenburg verschieben. Nun bekommt es Nietzsche mit der Angst zu tun und schreibt ihr umgehend: *Ich wollte allein leben. – Aber da flog der liebe Vogel Lou über den Weg, und ich meinte, es sei ein Adler. Und nun wollte ich den Adler um mich haben. Kommen Sie ja, ich bin zu leidend, Sie leidend gemacht zu haben. Wir ertragen es miteinander besser.*[155] Der herbeigesehnte *Adler* verzeiht Friedrich die voreilige Rüge, sie wird nach Tautenburg kommen.

Doch zunächst kommt es zu einem weiteren unerquicklichen Vorfall zwischen den beiden Frauen. Lou reist von Bayreuth ab und kommt am 7. August in Jena an. Dort trifft sie, wie vereinbart, Nietzsches Schwester im Haus des Historikers Heinrich Gelzer, einem ehemaligen Baseler Kollegen Nietzsches. Gemeinsam werden Lou Andreas-Salomé und Elisabeth Nietzsche noch am selben Tag nach Tautenburg fahren. Zunächst entladen sich aber die angestauten Spannungen zwischen den Frauen. Elisabeth Nietzsche kritisiert lautstark das Verhalten Lous. Die wiederum ist nicht auf den Mund gefallen, sie kontert. Sie trifft Elisabeth mitten ins Geschwisterherz, denn die kampflustige Lou behauptet, dass Friedrich Nietzsche ihr eine «wilde Ehe» auf Zeit vorgeschlagen habe. Das schlägt dem Fass den Boden aus. In dem schon erwähnten Brief an Clara Gelzer schildert Elisabeth Nietzsche aus ihrer Sicht die Vorwürfe Lou Andreas-Salomés, die sich wie folgt ereifert haben soll: «Wer hat zuerst den Plan des Zusammenseins mit den niedrigsten Absichten beschmutzt, wer hat erst mit der Geistesfreundschaft angefangen als er mich nicht zu etwas Anderem haben konnte wer hat zuerst an eine wilde Ehe gedacht das ist dein Bruder! […] Ja wohl dein edler rein gesinnter Bruder hatte zuerst die schmutzige Absicht einer wilden Ehe!»[156] Dieser Bankrottvorwurf an die bigotte Naumburger Tugendlehre wirft Elisabeth Nietzsche regelrecht um. Angeblich soll sie sich während der immer erhitzteren Diskussion derart erregt haben, dass sie sich übergeben musste: auch ein Argument, wenn einem die Worte fehlen.

Trotz des Schlagabtauschs reisen die Frauen gemeinsam nach Tautenburg. Dort quartieren sie sich im Pfarrhaus des Pastors Hermann Otto Stölten ein. Nietzsche wohnt in einem

Das alte Tautenburger Pfarrhaus

nahe gelegenen Bauernhaus bei dem Ehepaar Hahnemann. Er begrüßt Lou Andreas-Salomé und Elisabeth in bester Laune, die ihm jedoch kurz darauf von der Schwester verdorben wird. Sie berichtet von dem unerquicklichen Vorfall bei Gelzers. Am nächsten Morgen kommt es zu einer Auseinandersetzung zwischen Lou und Nietzsche. Schließlich einigen sich beide darauf, diesen Vorfall zu vergessen. Elisabeth Nietzsche wird in den nächsten Wochen mehr oder weniger ignoriert. Sie wird sich rächen.

Friedrich Nietzsche dagegen widmet sich intensiv seinem philosophierenden Zögling. Lou Andreas-Salomé schreibt Aphorismen, die von Nietzsche stilistisch überarbeitet werden. Obendrein diskutieren beide stundenlang. Außerdem schreibt sie für Rée ein Tagebuch, das den eifersüchtigen Riva-

len beschwichtigen soll; er wird postwendend mit diesen Auf-
zeichnungen eingedeckt. Am 14. August 1882 notiert sie ihre
ersten Eindrücke: «N., im großen Ganzen von eiserner Conse-
quenz, ist im Einzelnen ein gewaltsamer Stimmungsmensch.
Ich w u ß t e , daß wenn wir verkehren würden, was wir An-
fangs beide im Sturm der Empfindung vermieden, [fehlendes
Wort], wir uns bald genug, über alles kleinliche Geschwätz

Nietzsches Pension in Tautenburg

hinweg, in unsern tiefverwandten Naturen finden würden.» [157]
Jedes Tabu wird diskutiert, so wird etwa über Bisexualität gere-
det, anscheinend so intensiv, dass beide sich nicht mehr anzusehen wagen. Obendrein darf der Philosoph der jungen Frau
jeden Abend die zarte Hand küssen. Als Lou einige Tage mit
Hustenfieber zu Bett liegt, kümmert er sich fürsorglich-kind-
lich um die Kranke: Er schickt ihr Briefe und spricht mit ihr
durch die verschlossene Tür.

Der ständige Umgang miteinander lässt Lou Andreas-Salomé erkennen, dass zwischen ihr und dem Lehrer eine un-
überbrückbare Differenz besteht: «Sind wir uns g a n z n a h ?
Nein, bei alledem nicht. Es ist wie ein Schatten jener Vorstellungen über mein Empfinden, welche N. noch vor wenigen
Wochen beseligten, der uns trennt, der sich zwischen uns

schiebt. Und in irgend einer verborgenen Tiefe unseres Wesens sind wir weltenfern von einander –. N. hat in seinem Wesen, wie eine alte Burg, manchen dunklen Verließ & verborgenen Kellerraum der bei flüchtiger Bekanntschaft nicht auffällt & doch sein Eigentliches enthalten kann.»[158] Vielleicht hat Nietzsche sie hinter seine Maske sehen lassen. Was sich dahinter verbarg, darüber kann man nur spekulieren: Vielleicht kam hinter dem Vorhang wieder die Nonnen-Sequenz des jungen Nietzsche hervor.

Was ebenfalls zur Entfremdung führte, war die Einsicht, dass der Lehrer zuweilen recht mystisch und dichterisch argumentierte. Lou Andreas-Salomé, die durch die analytische Schule Rées gegangen war, wollte sich nicht mit dieser Philosophie arrangieren. In ihrer Tagebuchaufzeichnung vom 21. August favorisiert sie deswegen den Analytiker Rée: «N. verhält sich seinem Erkenntnißziel gegenüber noch so, wie der Gläubige zu seinem Gott, der Metaphysiker zu seiner metaphysischen Wesenheit und stellt seinen Kopf wie seine Charakterkraft in dessen Dienst. [...] Deine Charakterkraft hat sich wie bei N. in den Dienst der Erkenntniß gestellt aber während dieser Dienst bei ihm religiös überhaucht und darum immer noch eine letzte Wertschätzung seiner selbst nicht ausgeschlossen ist, verhältst Du Dich Dir gegenüber rein erkennend, indifferent, d. h. als bloßes Erkenntnißobjekt.»[159]

Schließlich reist Lou Andreas-Salomé am 26. August nach Stibbe zu Rée. Der erwartet sie sehnsuchtsvoll: «Wie sehne ich mich, Dich erst wieder zu haben, Liebstes; was für ein großes Stück Leben hast Du in diesen 4 Wochen gelebt!»[160] Nietzsche ist zunächst selig, den Aufenthalt in Tautenburg verbucht er als Erfolg, zumal

So liebenswürdig Nietzsche zu sein pflegte, so anmaßend war die Russin. Diese hinterließ bei ihrer Abreise zu unserem Erstaunen eine Schnapsflasche, er ein Blechschild mit der Inschrift: «Fröhliche Wissenschaft». [...] Es sollte an einem so versteckten Plätzchen im tiefsten Walde, wo er sich am wohlsten gefühlt und eine Bank hatte aufstellen lassen, angebracht werden. Aber der Oberförster Miehm hielt eine solche Bezeichnung für eine Bank im Walde für ungehörig und schickte es mir wieder zurück.
Hermann Otto Stölten, Pfarrer in Tautenburg: «Erinnerungen»

ihm Lou Andreas-Salomé als Abschiedsgeschenk – er verstand es sicherlich als Liebesbeweis – ihr Gedicht «Gebet an das Leben» überreicht. Er eilt am 27. August nach Naumburg und komponiert die Musik zum Lou-Gedicht. Dies teilt er der Dame umgehend mit: *In Naumburg kam wieder der Dämon der Musik über mich – ich habe Ihr Gebet an das Leben componirt*[161]. Nietzsche kann seine Gefühlsverwirrung in der Musik ansatzweise ausleben. Auf diesem ästhetischen Weg kann er sich, während die geliebte Frau sich beim Widersacher in Stibbe aufhält, mit ihr vereinen.[162]

Mit diesem musikalischen Höhepunkt ist der Zenit der Freundschaft überschritten, Nietzsches Abstieg beginnt. Zunächst bricht Nietzsche, allerdings nur für kurze Zeit, mit Mutter und Schwester. Elisabeth Nietzsche bleibt noch in Tautenburg, sie weigert sich, den Bruder, der sie in den drei Wochen mit seiner Missachtung erniedrigt hat, zu begleiten. Der Mutter bleiben diese Differenzen nicht verborgen. In Naumburg kommt es schließlich zum Streit zwischen Mutter und Sohn, dem platzt der Kragen, als sie ihn als *eine Schande für das Grab [seines] Vaters*[163] bezeichnet. Nietzsche reist fluchtartig am 7. September nach Leipzig. Dort treffen am 1. Oktober Lou Andreas-Salomé und Paul Rée ein. In den folgenden Wochen muss auch Nietzsche klar werden, dass Lous Tautenburg-Diagnose zutrifft. Beide sind sich «weltenfern». Die «Dreieinigkeit» ist illusorisch, der Plan, am Jahresende nach Paris zu fahren, wird aufgegeben. Zudem begeht Nietzsche einen weiteren Fehler: Er versucht, Rée in Gegenwart Lous zu diffamieren. Nur zu verständlich, dass er das Gegenteil erreicht. Lou Andreas-Salomé ist empört; in ihrem «Lebensrückblick» äußert sie sich dazu: «Wenn ich mich frage, was meine innere Einstellung zu Nietzsche am ehesten zu beeinträchtigen begann, so war das die zunehmende Häufung solcher Andeutungen von ihm, die Paul Rée bei mir schlecht machen sollten»[164]. Schließlich trennt sich das gescheiterte Trio. Nietzsche konnte nicht ahnen, dass er beide nie mehr wieder sehen würde.

Rée und Lou Andreas-Salomé reisen am 5. November nach Berlin. Dort verwirklichen sie die erhoffte Studiengemeinschaft, jedoch ohne Nietzsche, der von nichts weiß. Rée versammelt junge Wissenschaftler in Berlin, um den Bildungsdurst seiner Freundin zu stillen: Hermann Ebbinghaus, Ferdinand Tönnies und Georg Brandes gehören neben anderen zu diesem Kreis. Hier wird Lou Andreas-Salomé im positivistischen Denken geschult, und damit wird der Bruch mit Nietzsches Philosophie offensichtlich. Sie und Rée distanzieren sich von nun an immer deutlicher von der Philosophie: Rée wird später Facharzt, Lou Andreas-Salomé Psychoanalytikerin der Freud'schen Schule.

Schließlich wird Nietzsche klar, dass die Trennung endgültig ist, er fühlt sich betrogen. Er reist nach Basel zu Overbecks Geburtstag und berichtet dem Ehepaar, dass die «Dreieinigkeit» gescheitert sei. Mehr erfahren die beiden allerdings nicht von dem liebeskranken Freund. Ida Overbeck weiß darüber zu berichten: «Über die Ursache des Auseinandergehens im November 1882 bin ich nicht unterrichtet. Er sprach sich darüber nicht aus. Er sagte nur bei seinem dritten Besuche des Jahres bei uns, es sei wohl zwischen ihnen alles aus. [...] Er war schmerzlich ergriffen, verstand es nicht, sich durch Aussprache zu helfen, durch Zuspruch helfen zu lassen»[165]. Der verzweifelte Philosoph, der sein Leid in sich hineinfrisst, reist zwei Tage später nach Italien, wo er sich mehrere Monate aufhalten wird.

Der tief gekränkte Nietzsche unternimmt im November nochmals einen Versuch, Lou Andreas-Salomé um Klärung zu bitten: *Und nun, Lou, liebes Herz, schaffen Sie reinen Himmel! Ich will nichts mehr, in allen Stücken als reinen hellen Himmel: sonst will ich mich schon durchschlagen, so hart es auch geht. Aber ein Einsamer leidet fürchterlich an einem Verdachte über die Paar Menschen, die er liebt – namentlich wenn es der Verdacht über einen Verdacht ist, den sie gegen sein ganzes Wesen haben.*[166] Die Angeflehte antwortet ihm, ihr Brief ist jedoch leider nicht erhalten. Aber aus dem allein erhaltenen Entwurf einer Entgegnung Nietzsches ist zu schließen, dass sie ihn kategorisch abgewiesen hat: *Was machen Sie, meine liebe L[ou] ich bat um heitern Himmel zwischen uns, soll ich sagen: es ist vorbei. Wollen wir uns zusammen erzürnen? haben wir Lust einen großen Lärm zu machen? Ich ganz und gar nicht, ich wollte heitren Himmel zwischen uns. Aber Sie sind ja ein kleiner Galgenvogel! Und einst hielt ich Sie für die leibhaftige Tugend und Ehrbarkeit.*[167]

Lou Andreas-Salomé dagegen fühlt sich in der neuen Gemeinschaft in Berlin ausgesprochen wohl, ihr fällt es nicht schwer, Nietzsche den Laufpass zu geben. Der jedoch stürzt in eine Krise. Verzweifelt schreibt er einen Briefentwurf nach dem anderen, verwirft sie wieder, schreibt schließlich an Lous Mutter, an Rées Bruder Georg, er stößt auf Ablehnung. Vor allem als er Paul Rée und Lou Andreas-Salomé im Juli 1883 in einem Brief an Georg Rée beleidigt: *Diese dürre schmutzige übelriechende Äffin mit ihren falschen Brüsten – ein Verhängniß! Pardon! Wie sie selber über Ihren Bruder spricht und denkt, das soll die Sache meiner Diskretion sein. In Leipzig rief sie ihn nie anders als Dreckel! was mich empört hat.*[168] Das war ein Schlag unter die Gürtellinie. Obwohl der Bruch schon seit über einem halben Jahr besiegelt war, verfolgt er die beiden mit solchen Hasstiraden. Selten lässt sich der Philosoph so gehen. Nur zu verständlich, dass Georg Rée ihm mit einem Prozess droht. Es gibt jedoch auch Momente, in denen der Enttäuschte das Dilemma treffsicher analysiert. So in einem Entwurf, den er Ende 1882 schreibt: *Um des Himmels willen, was denken denn diese kleinen Mädchen von 20, welche angenehme Liebesgefühle haben und nichts Weiteres zu t h u n haben als hier und da krank zu sein und zu Bett zu liegen? Soll man diesen kl[einen] M[ädchen] viell[eicht] noch nachlaufen, um ihnen die*

Langeweile und die Fliegen zu verjagen? Zufällig Einen netten Win-
ter zu machen[?] Charmant: aber was habe ich mit netten Wintern
zu thun? Sollte ich die Ehre haben, dazu beizutragen[169]. Genau diese *Ehre* hatte der Philosoph.

Trotz aller Verzweiflung erholt sich Nietzsche von seinem
Desaster. Seine Philosophie heilt ihn. Am 25. Dezember 1882
berichtet er Overbeck: *Wenn ich nicht das Alchemisten-Kunststück*
erfinde, auch aus diesem – Kothe Gold zu machen, so bin ich verlo-
ren.[170] Nietzsche schreitet zur Tat, er vergoldet, er sublimiert
sein Leid. Im Januar 1883 verfasst er die Reinschrift zum ersten
Teil von *Also sprach Zarathustra.* Dieses Werk rettet sein Leben,
wie er immer wieder pathetisch seinen Freunden berichtet.
Schreibend und philosophierend kann er endlich wieder zu
sich selbst finden. So teilt er am 1. Februar 1883 seinem Freund
Heinrich Köselitz mit: *Inzwischen gab es aber wieder reine klare*
Tage, und sofort bin ich auch wieder meiner selber Herr geworden.
Ein Glück bleibt es bei alledem, wenn man in der Einsamkeit mit
sich selber fertig werden kann […]! Es handelt sich um ein ganz klei-
nes Buch – hundert Druckseiten etwa. Aber es ist mein Bestes, und
ich habe einen schweren Stein mir damit von der Seele gewälzt. Es
giebt nichts Ernsteres von mir und auch nichts Heitereres; […] Mit
diesem Buche bin ich in einen neuen «Ring» eingetreten.[171] Die Arbeit am *Zarathustra* lässt Friedrich Nietzsche allmählich, auch
wenn es noch ein paar emotionale Nachbeben gibt, Lou Andreas-Salomé vergessen. Er hat sich, wie er Overbeck am selben
Tag stolz mitteilt, *«senkrecht» aus dieser Tiefe in meine Höhe er-*
hoben. Es wird nun wieder «gehen»: – hoffen wir's wenigstens![172]

Hahn im Korb:
«Man hat gut sich wehren
gegen Frauen-Emancipation»

Nietzsche zieht sich nach dem misslungenen Lou-Abenteuer immer häufiger in seine Einsamkeit zurück: *Die Philosophen machen es, wenn sie krank sind, wie die Thiere, sie verstummen, sie verkriechen sich in ihre Höhle.*[173] Fortan lebt er ausschließlich für sein Werk, das er in stiller Zurückgezogenheit weiter ausarbeitet. Das heißt nicht, dass er vor den Frauen flieht; er sucht während seiner schöpferischen Pausen immer wieder die Nähe zur Welt der Frauen, vorwiegend zu emanzipierten Frauen. Mit ihnen führt Nietzsche angeregte Diskussionen über sein Schaffen. Noch hofft er, Jüngerinnen zu finden, die sein Werk in der Welt verkünden. Dabei denkt er wohl kaum noch an ein erotisches Intermezzo, der Lou-Schock ist ihm Warnung genug. Er weiß, dass er sein Werk, vor allem seine Zarathustra-Philosophie, die ihm so am Herzen liegt, durch kein amouröses Abenteuer gefährden darf.

Im Januar 1884 beendet Nietzsche in Nizza den dritten Teil von *Also sprach Zarathustra*. Er ist in Hochstimmung. Getrübt wird diese jedoch kurze Zeit später durch die Schwester, wie er am 2. April Overbeck mitteilt: *Die verfluchte Antisemiterei [...] ist die Ursache eines radikalen Bruchs zwischen mir und meiner Schwester usw. usw. usw. Ohe! Ohe!*[174] Ihr zukünftiger Ehemann, Bernhard Förster, ist ausgewiesener Antisemit und bringt Elisabeth auf schauerliche Abwege. In diese Stimmungslage hinein meldet sich auf Anraten Malwida von Meysenbugs, die sich Sorgen um den vereinsamten Philosophen macht, die österreichische Studentin Resa von Schirnhofer bei ihm. Die Neunundzwanzigjährige bittet um ein Treffen. Am 31. März antwortet ihr Nietzsche recht unbefangen: *Kommen Sie nur, mein verehrtes Fräulein! Und versuchen Sie es mit dem Hause, in dem ich jetzt wohne. – Sie werden es zutrauenswürdig und schweizerisch-brav finden. Es ist allmählich ziemlich leer geworden, die Winter-Vögel fliegen davon. In Bezug auf mich selber haben Sie den günstigsten Zeitpunkt getroffen. Gestern wurde der letzte Correc- tur-Bogen meines letzten Theils «Zarathustra» fortgeschickt – nun bin ich frei, freier vielleicht als ich je war, und zu jedem «otium cum dignitate» äußerst bereit.*[175] Nach der harten Arbeit und dem Ärger mit Elisabeth kommt ihm die junge Dame als Ablenkung und Gesprächspartnerin gerade recht. Nietzsche zieht im Umgang mit ihr eine wohl temperierte, charmante Distanz vor: Muße ja, aber mit Würde. Resa von Schirnhofer ist von der Einladung begeistert, immerhin verspricht der Philosoph im selben Brief Interessantes: *Also – ich werde Ihnen Nizza zeigen und auch, so gut es gehen will, mich selber, da Sie denn durchaus den alten Einsiedler «kennen lernen» wollen. Indessen! Jeder Einsiedler hat seine Höhle, nämlich in sich, und manchmal hinter der Höhle noch eine Höhle und noch eine – ich wollte sagen, es ist schwer einen Einsiedler kennen zu lernen.* Resa von Schirnhofer wird neugierig: Was verbirgt der Philosoph in seiner Höhle? Sie wird wenig von seinen Geheimnissen – im Unterschied zu Lou – erfahren.

Am 3. April 1884 trifft Resa von Schirnhofer in Nizza ein, zehn Tage verbringt sie dort. Er widmet ihr, wie versprochen, viel Zeit. Gemeinsam gehen sie wandern und diskutieren ausgiebig: Auf der Tagesordnung stehen die Vererbungslehre Francis Galtons, außerdem die Werke von Charles

Resa von Schirnhofer

1855	In Krems (Niederösterreich) geboren. Unterricht an verschiedenen Schulen in Oberösterreich, u. a. zwei Jahre im k.k. Zivil-Mädchenpensionat in Wien.
1883	Maturitätsexamen am Linzer Staatsgymnasium.
1893	Die Eltern sterben. Durch das Erbe ungebunden, unternimmt sie viele Bildungsreisen.
1909	Wählt Brixen (Südtirol) zum ständigen Wohnsitz.
1918	Bei Kriegsende verliert sie ihr gesamtes Vermögen; schlägt sich mit Sprach- und Klavierunterricht durch.
1937	Entstehung des Manuskripts «Vom Menschen Nietzsche».
1945	Im Altersheim «Hartmannsheim» in Brixen.
1948	Dort stirbt sie am 26. Oktober.

Darwin, Stendhal, Henri Di-
don, Claude-Henri de Saint-
Simon, Edmond und Jules
Goncourt, Herman Grimm,
Johannes Janssen und Georg
Brandes. Der vertrauensselige
Nietzsche, froh, für ein paar
Tage aus seiner Einsamkeit er-
löst zu sein, ist mitteilsam. Da-
bei schämt er sich nicht seiner
Tränen – vor allem wenn er,
was häufig vorkommt, der
jungen Studentin von Wagner
berichtet. Neben den abwer-
tenden Äußerungen über den
Musiker bemerkt Resa von
Schirnhofer immer wieder
ganz andere Gefühle: «Je öfter

Resa von Schirnhofer

er mir davon sprach in Nizza und Sils Maria, desto deutlicher
wurde mir die Tragödie des Erlebten, die im Verlust dieser hoch-
gespannten – vielleicht zu schrankenlosen – Freundschaft lag,
desto sichtbarer das Bluten einer Wunde, die nicht mehr heilen
wollte.»[176] Das Paar zollt aber auch ganz anderen Bedürfnissen
Tribut. Ein Stierkampf steht auf dem Programm: «Ein ander
Mal lud mich Nietzsche ein das Nizzaer Stiergefecht mitanzu-
sehen, in welchem gemäss behördlicher Verordnung weder
Pferde auftreten durften, noch Stiere getötet werden, was meinen tierfreundlichen Anschauungen entsprach. Bald jedoch erschien uns dieses zahme Geplänkel eine Karikatur des Stierge-
fechts und begann unsere Lachlust intensiv zu reizen.»[177]

Am 13. April reist Resa von Schirnhofer bester Laune ab.
Nietzsche ist gleichfalls zufrieden, deswegen lädt er die stets
fröhliche Studentin zwei Wochen später zu einem Winterauf-
enthalt in Nizza ein, nicht ohne Hintergedanken: *Ist es denn
nicht möglich, den nächsten Winter für Nizza und die Ausarbeitung
der Dissertation zu reservieren? – Erwägen Sie das! – Was Themata
zu schönen Dissertationen betrifft, so ist meine «Morgenröthe» eine*

gute Fundgrube. Bitte, lesen Sie d i e und ebenso «die fröhliche Wissenschaft» – *beide Bücher sind überdies Einleitungen und Commentare zu meinem Zarathustra.*[178] Ohne Zweifel wäre es Friedrich Nietzsche recht, wenn die angehende Doktorin eine *schöne* Promotion über seine Werke schreiben würde. Kein Wunder, denn noch ist Nietzsches Gedankenwelt nur wenigen bekannt. Resa von Schirnhofer promoviert schließlich 1889 über Schelling und Spinoza.

Nietzsche hat überdies noch anderes im Sinn, für kurze Zeit spielt er noch einmal mit dem Gedanken einer «Dreieinigkeit». Als Dritter im Bund käme Heinrich Köselitz in Frage. Diesen Plan deutet Nietzsche hintergründig in einem Brief an den Freund an: *[…] so ist vorläufig ein Ausflug nach Corsica für nächsten Frühling von Nizza aus verabredet, nämlich von Resa von Schirnhofer und mir – vivat tertius!*[179] Köselitz jedoch lehnt ab. Nietzsche hakt auch nicht weiter nach, sicherlich ist ihm inzwischen klar geworden, dass solch ein Unternehmen ebenso unrealistisch ist wie die 1882 geplante «Dreieinigkeit». Vielleicht spielte auch die fehlende Anmut der lustigen Resa von Schirnhofer eine Rolle. Nietzsche weist Malwida von Meysenbug auf dieses vermeintliche Defizit hin: *Auch die gute Resa Schirnhofer war da, mit einer ihrer Züricher Freundinnen. Schade, daß sie, um Baslerisch zu reden, so «unanmüethig» aussieht! Ich kann das Häßliche in meiner Nähe nicht lange aushalten*[180]. Trotz dieser ungebührlichen Einschätzung genießt Nietzsche den Umgang mit der Studentin. So berichtet er am 18. August 1884 Overbeck: *Ich hatte für einige Tage Fräulein Resa von Schirnhofer bei mir zu Besuch, bevor sie zu ihren Eltern, nach Graz, abreiste; es ist ein drolliges Geschöpf, das mich lachen macht und sich gut an mich gewöhnt.*[181] Er bricht den Verkehr mit dem

> Als wir in den Wald eintraten kam von der Bergseite her lustig den Abhang herabstürmend eine Herde Hornvieh in mutwilligen Sprüngen auf uns zu. Ich suchte davon loszukommen und Nietzsche, der mein unwillkürliches Erschrecken sah, obzwar sehr belustigt darüber, hob doch ritterlich seinen bekannten steten Begleiter, den grauen Sonnenschirm in die Höhe, sprang hin und her, fuchtelte abwehrend damit herum, während der Hirt die aufgelöste Herde zusammen trieb und bald mit ihr verschwunden war.
>
> Resa von Schirnhofer, 1884

drolligen Fräulein Resa, auch wenn es nicht seinem Schönheits-
ideal entspricht, nicht ab. Noch im selben Jahr besucht sie zusammen mit ihrer Freundin Clara Willdenow Nietzsche in Sils-
Maria, einem seiner bevorzugten Aufenthaltsorte.

In den folgenden Jahren treffen sich beide noch einige Male kurz in Zürich; die letzte Begegnung datiert auf den 6. Mai
1887, der letzte Brief stammt vom 14. April 1888. Der vereinsamte Nietzsche antwortet sehr herzlich auf einen nicht überlieferten Brief Resa von Schirnhofers: *Mein sehr liebes Fräulein
Resa, aber das ist hübsch und sogar mehr als hübsch, daß Sie mir dies
schreiben. Nur muß man nach Turin kommen, um mich jetzt zu haben. [...] Es würde mich freuen, wenn Ihre Pläne sich irgend wie mit
den meinen zusammenfädeln ließen: machen Sie einen kleinen Versuch Parze zu spielen! [...] Es grüßt Sie, verehrtes Fräulein so herzlich wie möglich der alte Philosoph, Brummbär und Immoralist
Nietzsche.*[182] Es kommt jedoch zu keinem Treffen mehr zwischen der herbeigesehnten
Schicksalsgöttin und dem
einsamen Bär. Ihre Wege
sind inzwischen zu unter-
schiedlich: Sie arbeitet intensiv an ihrer Promotion,
er schreibt euphorisch ein
Werk nach dem anderen.

Einen ebenso nachhal-
tigen Eindruck wie von Resa
von Schirnhofer behält er
von einer weiteren Freun-
din, Meta von Salis-Marschlins[183], einer emanzipierten
Frau par excellence, einer
der bedeutendsten Vor-
kämpferinnen der Frauen-
bewegung in der Schweiz.
Bekannt wurde sie 1886
als Verfasserin des Buches
«Die Zukunft der Frau». Sie

Meta von Salis-Marschlins, um 1890

95

wird erstmals im Meysenbug-Kreis im Winter 1878/79 in Rom neugierig auf Nietzsche. Fünf Jahre später lernt sie den Philosophen persönlich kennen. Meta von Salis-Marschlins, die zunächst als Erzieherin arbeitet, gibt diesen Beruf nach Jahren auf und studiert 1883, sie ist inzwischen achtundzwanzig Jahre alt, in Zürich. Im Mai 1887 erreicht sie ihr Ziel, den Doktortitel, mit einer Arbeit über Agnes von Poitou. Die wissensdurstige Dame, die nach ebenbürtigen Männern sucht – rein platonisch gesinnten –, lernt Nietzsche am 14. Juli 1884 in Zürich kennen. Friedrich Nietzsche lädt sie ein: *Mein verehrtes Fräulein, angenommen, daß Sie wissen, wer ich bin, dürfen Sie sich nicht wundern, wenn ich wünsche, Ihre Bekanntschaft zu machen.*[184] Meta von Salis-Marschlins ist erfreut, am verabredeten Tag trifft man sich und diskutiert angeregt. Das Paar versteht sich, schließlich will auch Meta die «Schlammwelle der Demokratisierung», die angeblich Europa bedroht, durch die «Gegenwelle der Aristokratisirung»[185] dämmen. Neben diese Gemeinsamkeit tritt die Musik. Die Seelenverwandtschaft ist wieder einmal perfekt.

Die beiden treffen sich in den nächsten Jahren dreimal in Sils-Maria. 1887 verbringen sie sieben Wochen dort in unmittelbarer Nähe. Sie reist diesmal mit ihrer Freundin Hedwig Kym ins Engadin. Meta von Salis-Marschlins und der Philosoph verbringen viel Zeit miteinander. Man speist zusammen zu Mittag, geht spazieren, und er besucht sie in ihrem Hotel, wo er ihr ausführlich seine philosophischen Gedanken vorträgt. So ver-

Meta von Salis-Marschlins

1855	Die Frauenrechtlerin, Essayistin und Lyrikerin wird am 1. März auf Gut Marschlins (Graubünden) geboren.
1863–67	Im Internat «Paulinenstift» in Friedrichshafen.
1878/79	Sie verbringt den Winter bei Malwida von Meysenbug.
1879–83	Erzieherin in Naumburg, England und Irland.
1883–87	Studium in Zürich, Berlin und München: Philosophie, Geschichte, Sanskrit und Jura.
Ab 1887	verwaltet sie Gut Marschlins, nebenbei Studien- und Vortragsreisen.
1904	Verkauft das Gut und erwirbt eine Villa auf Capri.
1929	Am 15. März stirbt sie in Basel.

wundert es nicht, dass bald das Gerücht in Umlauf kommt, beide würden heiraten. Eine Vermählung ist für beide selbstverständlich undenkbar: Sie legen Wert auf eine platonische Freundschaft. Die bekommt Nietzsche gut, er erholt sich allmählich von seinem angeschlagenen Gesundheitszustand und von seiner Arbeit.

Schließlich sorgen Meta von Salis-Marschlins und Hedwig Kym für genügend Abwechslung, so etwa beim Rudern. Der ängstliche Philosoph im Boot, ein ungewöhnliches Bild: «Es machte ihm Freude, mich und meine Freundin auf den See zu begleiten, er liess sich in die Kunstgriffe des Ruderns einweihen und genoß den leichten Schimmer von Gefahr, den die Fahrt bei heftigerem Wind bekam.»[186] Der Abschied fällt schwer, als die beiden Freundinnen am 8. September abreisen. Sechs Tage später drückt Nietzsche sein Bedauern noch einmal schriftlich aus. Meta liest: *[...] Sils ist nichts mehr*

Hedwig Kym, um 1895

werth, seitdem Sie fort sind. [...] Sie haben mir wacker dabei geholfen, über einen schweren und im Grunde von conträren Winden heimgesuchten Arbeits-Sommer – «hinwegzugondeln»[187].

Ein letztes Mal trifft er die Freundin im Sommer 1888 in Sils-Maria, er fühlt sich wohl, wie er seiner Mutter berichtet: *[...] mit Einem Male ist eine wunderbare Sommer-Stimmung da; [...] Heute morgen bin ich mit Fräulein v. Salis auf dem See herumgegondelt*[188]. Nach dieser Sommerfrische tauschen beide noch einige Briefe aus. Am 29. Dezember 1888, kurz vor seinem geistigen Zusammenbruch, berichtet er Meta von Salis-Marschlins: *Das Merkwürdigste ist hier in Turin eine vollkommne Fascination, die ich ausübe – in allen Ständen. Ich werde mit jedem Blick wie ein Fürst behandelt, – es giebt eine extreme Distinktion in der Art, wie man mir die Thür aufmacht, eine Speise vorsetzt. Jedes Gesicht verwandelt sich, wenn ich in ein großes Geschäft trete.*[189] Sie nimmt ihm ohne zu zögern die Erfolgsmeldung ab. So antwortet sie noch am Silvestertag 1888: «Es ist mir eine große Freude, daß Sie endlich von Menschen anerkannt und begrüßt werden, an deren Beifall Sie Etwas haben, was Sie schätzen. Auch die Beschreibung Ihrer Stellung in Turin gibt Grund zur Zufriedenheit.»[190]

Nietzsches «Wahnsinnszettel» vom 3. Januar 1889 hätte sie aber stutzig machen müssen: *Die Welt ist verklärt, denn Gott ist auf der Erde. Sehen Sie nicht, wie alle Himmel sich freuen? Ich habe eben Besitz ergriffen von meinem Reich, werfe den Papst ins Gefängniß und lasse Wilhelm, Bismarck und Stöcker erschießen.*[191] Diesen Brief unterschreibt er mit *Der Gekreuzigte.* Meta von Salis-Marschlins hielt das vielleicht für eine geniale Überspanntheit. Akzeptabel war dieses Verhalten für die adelige Dame allemal, gehörte eben zu ihrem Edelmenschen-Inventar. Nicht umsonst betitelt sie ihre 1897 publizierten Nietzsche-Erlebnisse mit «Philosoph und Edelmensch – Ein Beitrag zur Charakteristik Friedrich Nietzsche's».

Der Umgang mit vornehm-distanzierten Frauen befriedigt den Philosophen immer wieder, auch weil von ihnen keine Gefahren drohen, die seine schöpferische Kraft beeinträchtigen könnten. Allerdings taucht einmal eine Frau auf, die Nietzsche zur Weißglut treibt: 1884 lernt er Helene Druskowitz[192] kennen. Die Intelligenzbestie, die in Zürich Philosophie, Archäologie, orientalische und neuere Philologie studierte, erwarb schon mit

Helene Druskowitz

zweiundzwanzig Jahren den Doktortitel. Sie gehörte der Frauenbewegung an und gründete die emanzipierten Revuen «Der heilige Kampf» und «Der Fehderuf». Nietzsche findet zunächst an der gebildeten und wissensgierigen Frau Gefallen. Bis ihm schließlich der Kragen platzt: Sie versteift sich in einer philosophischen Diskussion auf Argumente, die Nietzsche verhasst sind, und das empfindet er als Beleidigung. Deswegen bricht er den Kontakt mit der jungen Frau, die 1918 in geistiger Umnachtung stirbt, ab: *Die kleine Litteratur-Gans Druscowicz ist Alles Andere als meine «Schülerin»*[193].

Nietzsche wird auch von Frauen umschwärmt, die sich höchstens marginal um die Frauenbewegung kümmern. So lernt er 1884 die russische Fürstin Mansuroff mit ihrer englischen Freundin Emily Fynn und deren Tochter kennen. Den Umgang mit den Damen schätzt der Philosoph, wie er Overbeck berichtet: *Hier oben habe ich wieder die gleiche, mir sehr zugethane Gesellschaft des vorigen Jahrs; zwei sonst in Genf lebende distinguirte Engländerinnen und jene alte Dame vom russischen Hofe*[194]. Die Frauen kümmern sich immer wieder gerne um den zurückhaltenden deutschen Professor. So laden sie ihn in ihr Hotel zu einem exquisiten Essen ein, obwohl er sich zunächst sträubt. Die Überredungskünste des Trios fruchten, der Philosoph weiß sich zu bedanken: *Inzwischen, nach jenem köstlichen und reichen Tage bei Ihnen, habe ich gelebt wie ein Höhlenbär – sehr arbeitsam und, wie mir scheint, verbessert in Hinsicht auf Gesundheit und Geduld.*[195] Zu diesem vertrauten Kreis im Engadin zählt auch die gebildete Helen Zimmern, die er schon 1876 bei den Bayreuther Festspielen kurz kennen lernte. Sie wird später *Jenseits von Gut und Böse* und *Menschliches, Allzumenschliches I* ins

> Auch interessierte er sich gütigst für die Malereien meiner Tochter und sagte ihr immer, sie müsse doch etwas Häßliches hinzumalen, um die Schönheit ihrer Blumen noch zu erhöhen und überbrachte ihr dann auch eines Morgens als Modell eine lebendige hüpfende Kröte, welche er selbst eingefangen hatte! [...] Als Gegenstück schickten wir ihm nach einigen Tagen einen scheinbaren Confituren-Topf, als er denselben aber sorgfältig aufmachte, sprangen ihm Heuschrecken entgegen!
>
> **Emily Fynn in einem Brief an Franziska Nietzsche, 31. März 1889**

Englische übersetzen. Die treue Verehrerin war 1886 für neun Wochen in Sils-Maria seine Diskussionspartnerin und Tischnachbarin. Nietzsche teilt Köselitz die neue Eroberung mit: *Komisch! Man hat gut sich wehren gegen Frauen-Emancipation: schon ist wieder ein Musterexemplar eines Litteratur-Weibchens bei mir angelangt, Miss Helen Zimmern*[196]. Zur selben Zeit wird sein Buch *Jenseits von Gut und Böse* gedruckt, hier gibt es so manche Ausfälle gegen das andere Geschlecht. Nietzsche kann sich zwar schriftlich gegen die Emanzipation *wehren*, aber der realen Präsenz der gebildeten Frauen vermag er sich nicht zu entziehen. Eine Begebenheit, die Helen Zimmern 1886 in Sils-Maria miterlebt, gibt über Nietzsches zuvorkommendes Verhalten Auskunft: «Im Hôtel des Alpes wohnte mit mir zugleich eine alte Russin, eine Madame de Monsouroff, [...] die einen nervösen Zusammenbruch erlitten hatte und an schweren Zwangsvorstellungen litt. [...] die Freunde der Patientin hatten jeden Tag einen Wagen vor das Hotel bestellt, um sie nach Italien und in ein wärmeres Klima zu bringen. Dieser Wagen mußte aber jeden Tag und ohne die Patientin, die sich stets weigerte, ihr Zimmer zu verlassen, nach Hause fahren. Eines Tages sagte Nietzsche, der von dem merkwürdigen Fall gehört hatte, zu den besorgten Freunden der Dame: ‹Überlassen Sie sie einmal mir!› Und eines Mittags [...] erschien plötzlich Nietzsche in der Haustür des Hotels mit der kranken Dame, die ihm wie ein Hündlein gehorsamst folgte [...]. Die berühmte Peitsche hat er sicherlich nicht gebraucht»[197]. Nicht ohne Grund beginnt Helen diesen Erlebnisbericht scharfsichtig mit der Feststellung: «Es gibt anscheinend Männer, die über die Frauen Theorien haben, die sie kaum in die Praxis übersetzen.»

Franziska Nietzsche: «Meine liebe Mamma!»

Nur wenige Wochen vor seinem Zusammenbruch rechnet der enthemmte Nietzsche in *Ecce homo* mit Mutter und Schwester ab: *Wenn ich den tiefsten Gegensatz zu mir suche, die unausrechenbare Gemeinheit der Instinkte, so finde ich immer meine Mutter und Schwester, – mit solcher canaille mich verwandt zu glauben wäre eine Lästerung auf meine Göttlichkeit. Die Behandlung, die ich von Seiten meiner Mutter und Schwester erfahre, bis auf diesen Augenblick, flösst mir ein unsägliches Grauen ein: hier arbeitet eine vollkommene Höllenmaschine, mit unfehlbarer Sicherheit über den Augenblick, wo man mich blutig verwunden kann – in meinen höchsten Augenblicken, ... denn da fehlt jede Kraft, sich gegen giftiges Gewürm zu wehren ... Die physiologische Contiguität ermöglicht eine solche disharmonia praestabilita ... Aber ich bekenne, dass der tiefste Einwand gegen die «ewige Wiederkunft», mein eigentlich a b g r ü n d l i c h e r Gedanke, immer Mutter und Schwester sind.*[198] Auch wenn das übertrieben anmutet, so sollte nicht vergessen werden, dass Nietzsche, wenn er die Maske fallen lässt, und das macht er hier, schonungslos von seiner aktuellen Befindlichkeit berichtet.

Friedrich Nietzsche leidet zeitlebens unter Mutter und Schwester. Nie war er jedoch in der Lage, endgültig mit ihnen zu brechen. Diese Ambivalenz musste er zwangsläufig aushalten, sie war, wie sich zeigen wird, lebenswichtig. Wie schwer ihm diese ständige Kompromissbereitschaft fiel, zeigen zwei Briefentwürfe von 1884. Er vertraut dem Papier, aber nur ihm, sein Dilemma in Bezug auf Franziska und Elisabeth Nietzsche an: *Ich kenne e r s t r e c h t, und von Kindheit an, die moralische Distanz, die mich und Euch trennt, und habe all meine Milde, Geduld und Stillschweigen nöthig gehabt, um Sie Euch nicht allzufühlbar zu machen. Begreift Ihr denn Nichts von dem Widerwillen, den ich zu überwinden habe, mit solchen Menschen, wie Ihr seid, so nahe ver-*

«Ecce homo», Faksimile der Abschrift
von Heinrich Köselitz

wandt zu sein! Was bringt mich denn zum Erbrechen, wenn ich Briefe meiner Schwester lese und diese Mischung von Blödsinn und Dreistigkeit, die sich gar noch moralisch aufputzt, hinunterschlucken muß? [...] Ich habe nun ein paar Jahre wie ein zu Tode gemartertes Thier gegen L[isbeth] mich gewehrt und geflüchtet; ich habe sie beschworen mich in Ruhe zu lassen und sie hat nicht einen Moment aufgehört, mich zu martern. Ich fürchtete mich, vorigen August deshalb nach N[aumburg] zu gehn, um nicht thätlich mich an ihr zu vergreifen[199]. Hier wird deutlich, welch enormen Kraftaufwand er lebenslang aufbringen musste, um Auseinandersetzungen mit der Familie zu vermeiden. Den Hass, vor allem gegen die Schwester, kann er nicht in ihrer Gegenwart artikulieren. Nur in Briefentwürfen kann er sich seinen Leidensdruck von der Seele schreiben. Nietzsche weiß nach dem Lou-Erlebnis, wie er im August 1883 Overbeck berichtet, dass er zu schwach ist, um sich zu wehren: *Meine Angehörigen und ich – wir sind zu verschieden. Die Maaßregel, die ich diesen Winter für nöthig befand, keine Briefe mehr von daher zu empfangen, ist aber nicht mehr aufrecht zu erhalten (ich bin nicht hart genug dazu) [...]; es scheint, ich bin schlecht zur Feindschaft gemacht.*[200]

Die Probleme mit Franziska und Elisabeth Nietzsche werden auch durch seine Philosophie komplizierter. Nietzsche muss einen Balanceakt zwischen Familie und Werk vollbringen, um Frieden zu wahren. Dies ist keine leichte Aufgabe, bedenkt man das Revolutionäre seines Werks. Seine philosophischen Neuerungen konnten und wollten die beiden Frauen nicht nachvollziehen. Nietzsche musste ihnen, was sein Werk betraf, wie von einem anderen Stern erscheinen. Seine Philosophie zerstörte die christliche Moral inklusive des Naumburger Tugendkatalogs. In der *Fröhlichen Wissenschaft* verkündet der *tolle Mensch* den Tod Gottes: *Wohin ist Gott? rief er, ich will es euch sagen! Wir haben ihn getödtet, – ihr und ich! Wir Alle sind seine Mörder! [...] Hören wir noch Nichts von dem Lärm der Todtengräber, welche Gott begraben? Riechen wir noch Nichts von der göttlichen Verwesung? – auch Götter verwesen! Gott ist todt! Gott bleibt todt! Und wir haben ihn getödtet!*[201] Auch wenn Friedrich Nietzsche hier das Glaubensfundament seiner Familie zerstört, so ist er doch zeitlebens auf Mutter und Schwester angewiesen. Die familiären Abhängigkeiten lassen ihn, so gut es geht, vor allem vor der Mutter seine Philosophie verbergen. Das Gefahrenpotential, das sein geistiger Kosmos impliziert, könnte sonst jederzeit das labile Gleichgewicht der Dreiergemeinschaft gefährden. Die Trennung zwischen Werk und Familie ist für Nietzsche lebenswichtig; sobald diese Grenzen verwischt werden wie bei der Lou-Affäre, gerät er in höchste Gefahr.

Beginnen wir bei seiner Mutter, Franziska Nietzsche geborene Oehler. Sie wird am 2. Februar 1826 in dem kleinen Dorf Pobles geboren. Ihr Vater, David Ernst Oehler, ist Pastor. Er und seine Gattin Wilhelmine Oehler schenken elf Kindern das Leben. Franziska kommt als sechstes Kind zur Welt. Die Erziehung zur Hausfrau steht selbstverständlich im Vordergrund. So kümmert sie sich schon früh um die Geschwister, obendrein erhält sie von einigen Kandidaten der Theologie Elementarunterricht, eben in Rechnen, Lesen und Schreiben. Die Übungen müssen ausreichen, um später eine Familie zu gründen. Sie ist gerade siebzehn Jahre alt, als der Röckener Amtskollege ihres Vaters, Carl Ludwig Nietzsche, seinen Antrittsbesuch macht. Franziska fällt dem fast dreizehn Jahre älteren Mann sofort ins Auge. Sie nimmt ihn ebenfalls mit Wohlwollen wahr. Als fast Siebzigjährige erinnert sich Franziska Nietzsche in ihrem autobiographischen Fragment «Mein Leben» an die erste Begegnung: «Ich erinnere mich darum dieser ersten Begegnung, weil sich später oft mein Mann mit Scherz daran erinnerte, wie ich bei den Herren einen Knix gemacht u. gefragt habe, die Nelkenstöcke in der Hand haltend, ‹Herr Pathe sind das volle oder leere Nelken?› indem mir sein Urtheil, der einen sehr gepflegten Garten besaß, als sicher galt, denn weiter war doch nichts davon zu sehen. Wie sein Urtheil lautete weiß ich nicht mehr, aber daß wir Mädchen den hübschen jungen Herrn Pastor Nietzsche, als die Herren sich verabschiedet hatten, nachspähten, u. die superfeinen, schwarzen, glänzenden, Tuchkleider unsere höchste Bewunderung erregten, [...] erinnere ich mich noch deutlich.»[202] Schließlich

Beginn von Franziska Nietzsches Aufzeichnung
«Mein Leben»

hält der neunundzwanzigjährige Pastor um die Hand Franzis-
kas an, sie heiraten am 10. Oktober 1843. Das Eheglück währt
nur sechs Jahre, Carl Ludwig stirbt im Alter von 35 Jahren. Zu
allem Unglück stirbt Friedrich Nietzsches Bruder, Joseph, nur
wenige Monate nach dem Vater, er ist keine zwei Jahre alt geworden.

Die trauernde Franziska Nietzsche ist sich ihrer Pflicht bewusst, die beiden Kinder sollen im Sinn des Vaters erzogen werden, gottesfürchtige Menschen sind heranzubilden. Die Witwe nimmt ihre Aufgabe ausgesprochen ernst. Im März 1877 formuliert sie noch einmal ihre Ziele in einem Brief an den Sohn. Die Mutter berichtet, dass die beiden Todesfälle sie am Leben verzweifeln ließen – sie sehnte den Tod herbei: «Doch Gottes Wille war anders als der meine. Er schenkte mir wieder Kraft mich dem Werke der Erziehung Eurer zu widmen und so war hauptsächlich mein Zweck darauf gerichtet, Euch alles das lernen zu lassen, wo ich fühlte, was mir fehlte, indem ich den damaligen Ausspruch der Fr. Geheimräthin Lepsius so richtig fand, die eben auch dieses befolgte und darum die Privatstunden ihrer Kinder (zum Schrecken der Lehrer) selbst überwachte. Der liebe Gott legte seinen Segen darauf und so sind meine beiden jungen Seelen eigentlich meine kleinen

Commentatoren, die mir immer fehlen, wenn ich sie nicht bei mir habe und Herz und Geist verarmt und möchte sich gern mit der ganzen Gluth der Mutterliebe an sie ketten, denn was ist einer Mutter l i e b e r, w e r t h e r, in diesen armen Menschenleben und unvollkommenen Erdenleben als ihre Kinder.»[203] Die junge Frau ist ehrgeizig; sie möchte ihre Bildungsdefizite mit ihren Kindern ausgleichen. Franziska Nietzsche erwartet deswegen entsprechende Leistungen von beiden. Sie konnte nicht ahnen, dass sich ihre Wünsche – mehr und anders als erwartet – erfüllten. Am 29. März 1891 schreibt sie, inzwischen pflegt sie ihren kranken Sohn, an Overbeck: «Wie ich nur zu solch ‹berühmten› Kindern nur gekommen bin»[204]. Sicherlich auch durch ihre Erziehungspraktiken, wobei aber vor allem Friedrich Nietzsches außerordentliche Begabung eine gewichtige Rolle spielte.

Friedrich Nietzsche, so darf getrost behauptet werden, leidet nicht wenig unter dem Erwartungsdruck der Mutter. Er erledigt trotzdem gehorsam seine Pflichten – was blieb ihm auch sonst übrig? Am 8. August 1850, mit knapp sechs Jahren, schreibt er der Mutter einen kurzen Brief: *Ich denke recht oft an Dich und möchte immer gern wissen wie Du Dich befindest; komm ja bald wieder zu uns. Ich bin gesund und munter, habe Dich sehr lieb und will seyn Dein gehorsamer Fritz.*[205] Mutterliebe und Gehorsam stehen für den Jungen zwangsläufig im Mittelpunkt seiner Erziehung. Wenn Friedrich gefügig ist, dann bekommt er die entsprechende Anerkennung. Die stellt sich als Dankbarkeitszwang gegenüber der Mutter heraus. Franziska Nietzsche setzt den Jungen unter erheblichen Legitimationszwang, wenn sie schreibt: «Meine Gebete begleiten Dich Tag und Nacht, denn D u bist mein erster und letzter Gedanke vor dem lieben himmlischen Vater.»[206] Jedes Fehlverhalten des Sohnes wäre eine große Enttäuschung für die Mutter, schließlich opfert sie sich – im Angesicht Gottes – für den Jungen mit Haut und Haaren auf. Nietzsche nimmt sich deswegen in Acht. Er entwickelt ein sehr feines Wahrnehmungssensorium, er beobachtet jede ihrer Bewegungen und Gefühlsregungen genau, um sich nicht falsch zu verhalten und seine Mutter zu enttäuschen. Dieses sensibel-umsichtige Benehmen raubt dem Knaben so manche Kräfte, und so verwundert es nicht, wie er rückblickend seine Kindheit beurteilt. Ein Aphorismus aus *Menschliches, Allzumenschliches* trägt den bezeichnenden Titel *Tragödie der Kindheit: Es kommt vielleicht nicht selten vor, dass edel- und hochstrebende Menschen ihren härtesten Kampf in der Kindheit zu bestehen haben [...]. Hat man so Etwas erlebt, so wird man sein Leben lang es nicht verschmerzen, zu wissen, wer Einem eigentlich der grösste, der gefährlichste Feind gewesen ist.*[207]

Nietzsche muss das Familiengleichgewicht weiter taktisch stabilisieren. Als seine Mutter im Sommer 1857 sich für einige Tage in Eilenburg aufhält, wird dies besonders deutlich. Von dort wird der Schüler weiterhin effektiv kontrolliert. Um sicher zu sein, dass der Junge keinen Unfug anrichtet, schickt ihm Franziska Nietzsche einen Verhaltenskodex: «[...] nimm hübsch den Regenschirm mit wenn es regnet und solltest Du je einmal naß geworden sein so ziehe Dich gleich wenn Du zu Hause kommst um, denn Du weißt daß es Dir allemal nicht gut bekommt. Deine Sachen liegen alle auf dem Bett am Schrank, für täglich ziehst Du Deine alte Jacke und leichten grauen Hosen die Du in Pobles mit hast nebst Weste an, ist es sehr kühl die dikeren grauen Hosen und Sonntags die guten nebst Kutte welche Du Dir von Frau Ludwig mit einem wollnen Läppchen und heißen Wasser darnach wie vorher gut gebürstet, reine machen lassen kannst; [...] Außerdem nimm so wenig als möglich Hülfe in Anspruch sowohl bei der guten Frau Pastorin als bei Rosalchen und Dächsels, denn Alle fühlen sich angegriffen, und Du bist ja ein großer Mensch welcher sich selbst helfen muß [...]. Nimm das Blatt mit Dir nach Naumburg lege es in Dein Pult und lies es von Zeit zu Zeit einmal oder sieh einmal mit darauf [ob] Du alles thust es sind ‹ Verhaltensregeln ›» [208]. Solche Ermahnungen bekommt Friedrich zeitlebens zugesandt. Die besorgte Mutter kann nicht vom Erziehungsobjekt lassen.

Aber auch Nietzsche kommt von der Familie nicht los, denn er braucht Mutter und Schwester, und zwar als Versorgungssystem. Die Korrespondenz zwischen den dreien wird maßgeblich von Friedrichs Wünschen bestimmt, die in der Regel prompt, zuweilen unter erheblichen Schwierigkeiten, erfüllt werden. Als Nietzsche am 6. Oktober 1858 in Schulpforta eintritt, also erstmals nicht mehr zu Hause wohnt, bittet der Schüler noch am selben Tag seine Mutter: *Ich habe nun meinen Schrank eingeräumt, aber fand vieles nicht in den Koffer, wie Tintenfaß, Stahlfedern, Seife und manche Kleinigkeiten. Schicke mir diese Sachen und eine Tüte Chokoladenpulver mit. Dann auch ein Buch: Voigt, Geographie. Wenn es nicht unter meinen Büchern ist, so besorge es so schnell als möglich von Domrich zu mir.* [209] Die Bitten werden, wie üblich, umgehend erfüllt. Eine wichtige Funktion dieses Versorgungsverhältnisses ist der mit ihm verknüpfte Bestätigungsmechanismus: Solange Nietzsche von der Familie beliefert wird, kann er sich ihrer Liebe sicher sein. Ohne Zweifel hätte er sich, wenn er zum Beispiel für mehrere Wochen in Genua weilte, auch dort Socken kaufen können, aber nein, es mussten

Naumburger Socken sein. Die Mutter aber erfüllt ohne Murren ihrem «Herzens-Fritzchen» auch die ausgefallensten Wünsche.

Wie wichtig die fürsorgliche Hilfe der Familie ist, zeigt besonders eine Episode: Nachdem Nietzsche sich wegen Lou Andreas-Salomé mit seiner Schwester zerstritten hatte, nimmt er doch wieder Kontakt auf, obwohl der liebeskranke Philosoph Elisabeth verdammt hatte. Kaum ist das Geschwisterverhältnis wieder gekittet, schon äußert Friedrich seine Wünsche. Die Schwester möge doch bitte Folgendes erledigen: *Die Gegenwart verlangt übrigens – Würste und Schinken: alle übersandten Fressalia habe ich mit dem größten Danke gegen die Geberin aufgespeist, insgleichen mit dem besten Appetite: mein Magen ist ganz in Ordnung. [...] Unter allen Umständen bin ich Dein getreuer Bruder und habe die allerherzlichsten Wünsche für Dich jederzeit bei mir. [...] (Pfefferkuchen bekommt mir nicht in dieser Höhe.)*[210] Aus diesem eingeschliffenen Versorgungs- und Zwangsmechanismus gibt es für Nietzsche offensichtlich kein Entrinnen. Selbst die Lou-Katastrophe vermag daran nichts zu ändern, schließlich ist und bleibt dieses Fürsorgesystem notwendige Bedingung seiner Existenz.

Zurück zu Friedrich Nietzsches Werdegang. Zunächst hat die Mutter noch allen Grund, stolz auf ihren Sohn zu sein: Als einer der Jahrgangsbesten erhält er sein Abiturzeugnis. Wenig später studiert er in Bonn, dort bekommt er manche Rüge von der Mutter zu hören, weil er zuweilen über die Stränge schlägt: *Vor einer Stunde war ich in einem höchst noblen Konzert, fabelhafter Luxus, alles Weibsvolk feuerroth*[211]. Die Naumburger Kritik folgt prompt, er wird mit seinen Äußerungen über das Studentenleben vorsichtiger. Mutter Nietzsche belastet dagegen inzwischen noch etwas anderes: Der Sohn ist ausgezogen, um Theologie zu studieren, schließlich soll er dem verstorbenen Vater nacheifern und ebenfalls Pastor werden. Doch der Student fühlt sich zur Altphilologie und Philosophie hingezogen. Nietzsche muss, um die Mutter so wenig wie möglich zu verletzen, so manches Ablenkungsmanöver inszenieren.

Schließlich wird die Mutter aber doch noch für ihre Sorgen und Enttäuschungen entschädigt. Im Februar 1869 teilt

Das Wohnhaus in Naumburg: Hier pflegte Franziska Nietzsche ihren Sohn von 1890 bis 1897

Nietzsche ihr mit, dass er nach Basel berufen wurde. Franziska Nietzsche ist überglücklich, ihre Hoffnungen haben sich, auch wenn der Sohn kein Theologe geworden ist, mehr als erfüllt: Mit vierundzwanzig Jahren wird ihr Kind Professor. Ihre überschwängliche Freude teilt sie sofort dem Sohn mit: *«Ich stürzte laut weinend vor Freude an Lieschens Bett um sie von der Thatsache zu benachrichtigen diese jubelte aber hoch auf ‹Mutterchen ich weiß es schon lange und es hat mir fast das Herz abgedrückt unser guter Fritz ist Professor› […]. Mein lieber Fritz ein Professor und 800 Thaler Einnahme!*[212] Vor allem die soziale Anerkennung, die sie aus dem Naumburger Umfeld erhält, befriedigt sie. Damit ist ihr Erziehungsprogramm, das argwöhnisch von der Schwiegermutter und den anderen weiblichen Familienmitgliedern beobachtet wurde, glanzvoll bestätigt worden.

Doch neue Schatten ziehen am Horizont auf, der Sohn taugt nicht zum akademischen Lehrer. Er ist überfordert, schon sein Dankesbrief auf die euphorische Botschaft der Mutter lässt den zukünftigen universitären Bankrott ahnen: *Aber Ihr habt bloß die Sahne abgeschöpft, und die mag Euch wohl geschmeckt haben. Mir bleibt die Schlackermilch des täglichen eintöni-*

gen Berufs, der freundelosen Einsamkeit usw.[213] Hier sieht Nietzsche seine universitäre Zukunft deutlich voraus, die enthusiastische Mutter kann davon jedoch nichts ahnen. Erst als ihr Sohn immer öfter von Kopfschmerzen und Magenleiden berichtet, ahnt sie, dass ihr Sohn alles andere als glücklich ist. Deswegen macht sie ihm, nachdem sie in vielen Briefen sein Leid anhören musste, am 31. August 1877 einen Vorschlag, der völlig sinnlos ist: «Ich kann aber nicht von den Gedanken loskommen, daß wenn Du Dich verheirathetest, Dein Leiden gehoben wäre, Du hast mehr das Oehlersche Blut und Edmund litt ja ganz in der Art. [...] und jetzt ist er der gesündeste Mann den es auf Gottes Erde giebt und es thut ihn keine Ader weh, er war gerade wie Du, auch eine so vollblutige Natur. Gieb etwas mein Herzenssohn auf den Rath Deiner Mutter welche leider auch hierin den Vater vertreten muß. Komm zu mir, ich wüßte ein köstliches Frauchen für Dich, höchst liebenswürdig, gescheudt, hübsch, wohlhabend und dabei höchst einfach und sauber. Gestern ging ich mit ihr von den Bahnhof bis zur Stadt und sie gefiel mir da wieder so [...] das junge Mädchen sehnte sich bei unsern gestrigen Gesprächen so die Schweiz zu sehen und liebt sehr Professorengesellschaft [...]. Ich sage Dir, als ich die Mutter und die Tochter zum ersten Male sah, so dachte ich: das wären Brautchen für Deinen Fritz. Könnte ich sie Dir doch hinzaubern mein Herzenskind, da hättest Du von Gott empfangen wie es in der Bibel heißt: ‹Und des Mannes Herz kann sich auf Sie verlassen› [...] kurz lass mich da nur sorgen, daß Du sie sehen und sprechen sollst, es giebt ja Parthien, Conzerte u. s. w., wo dies zu bewerkstelligen ist, so wenig ich eigentlich zu solcher Parforskur passe»[214]. Das «Frauchen», das sich angeblich nach gelehrten Männern sehnt, wie die Mutter kupplerisch andeutet, wird enttäuscht, Nietzsche verschwendet keinen Gedanken an das brave Mädchen. Bezeichnend für diesen Brief ist, dass die Mutter glaubt, ihr Sohn könne durch eine Heirat geheilt werden: obendrein mit einer kleinbürgerlichen Frau, die mit der Naumburger Tugend infiziert ist.

Nachdem Nietzsche in Basel gescheitert ist, fährt er Ende September 1879 zur Kur nach Naumburg, dort bleibt er fünf

Monate. Die Mutter umsorgt ihn nach besten Kräften, trotzdem klagt er über heftige Krankheitsanfälle. Im Februar 1880 verlässt er die beschauliche Kleinstadt. Nun beginnt eine neunjährige Odyssee; der ruhelose Philosoph, der akademische Frührentner, distanziert sich so zwangsläufig von der unglücklichen Mutter. Sie leidet mehr und mehr unter der Naumburger Gesellschaft, denn die registriert das Versagen ihres Sohnes mit einer gewissen Häme. Trotzdem versorgt Franziska Nietzsche weiterhin den geliebten Fritz per Post.

Es kommt zu einer ernsthaften Krise zwischen Mutter und Sohn, als diese von Elisabeth über die höchst verwerfliche Lou Andreas-Salomé unterrichtet wird. Nachdem Nietzsche am 7. September 1882 nach einem Streit die Mutter fluchtartig verlässt, wird deutlich, dass das Naumburger Versorgungssystem nicht gegen Angriffe gefeit ist. Franziska Nietzsche kennt die Gefahr, wenn sie ihren Sohn auffordert, «die ganze Geschichte, die uns ans Leben geht»[215], aufzugeben. Konnte Nietzsche bisher seine destruktive Philosophie von der Familie fernhalten, so bricht sie jetzt in Gestalt von Lou Andreas-Salomé dort ein. Darüber berichtet Nietzsche am 9. September 1882 Overbeck: *Leider hat sich meine Schwester zu einer Todfeindin L[ou]'s entwickelt, sie war voller moralischer Entrüstung von Anfang bis Ende und behauptet nun zu wissen, was an meiner Philosophie ist. Sie hat an meine Mutter geschrieben, «sie habe in Tautenburg meine Philosophie in's Leben treten sehen und sei erschrocken: i c h liebe das Böse, s i e aber liebe das Gute. […].» Kurz, ich habe die Naumburger «Tugend» gegen mich, es giebt einen wirklichen B r u c h zwischen uns*[216]. Diese leibhaftige Provokation konnten die beiden Frauen nicht dulden, denn ihre Existenz wurde dadurch in Frage gestellt. Das ganze Erziehungsprogramm Franziska Nietzsches erweist sich hier – zumindest für kurze Zeit – als gescheitert.

Nietzsche ist gleich nach der vermeintlichen Trennung bemüht, die «Dreieinigkeit» mit der Familie wieder herzustellen. Der Gedanke, dass seine Mutter ihn für moralisch nicht integer hält, ist ihm unerträglich. Deswegen aktiviert Friedrich Nietzsche wieder das eingeübte Programm. Schon einen Tag nach dem Brief an Overbeck schreibt er aus Leipzig seiner Mutter eine Postkarte: *Meine liebe Mutter, Kopfschmerz-Anfall und 2 schlaflose Nächte bisher, ebenfalls augenleidend. Aber wenigstens untergebracht, mit g r o ß e r Anstrengung und Sucherei! [...] Die innere Stadt macht mich bisher fast ohnmächtig.*[217] Franziska Nietzsche reagiert sofort auf die Hilferufe des halb bewusstlosen Sohnes, sie steht ihm aufopferungsvoll zur Seite. Damit ist der Bruch zwischen Mutter und Sohn nach drei Tagen zurückgenommen. Das Versorgungssystem funktioniert wieder, er wird mit Lebensmitteln und, weil er in Leipzig friert, mit einem *Schlafrock* versorgt. Zu seinem Geburtstag schicken Mutter und Schwester dem vermeintlichen Moralungeheuer eine *schöne Torte*[218]. Doch hinter Nietzsches Fassade brodelt es zur selben Zeit ganz erheblich. Das zeigt ein Briefentwurf an Elisabeth: *Diese Art von Seelen, wie Du eine hast, meine arme Schwester, mag ich nicht: und am wenigsten mag ich sie, wenn sie sich gar noch moralisch blähen, ich kenne Eure Kleinlichkeit. – Ich ziehe es bei weitem vor, von Dir getadelt zu werden.*[219] Nietzsche kann diese Wut wieder nur schriftlich in einem Entwurf artikulieren. Er ist, will er seine Familie nicht verärgern, auf die Unterdrückung und auf die Sublimierung seiner Aggressionen angewiesen. Vielleicht, so darf vermutet werden, projiziert Friedrich diesen Hass in einige seiner berüchtigten frauenfeindlichen Texte.

Nietzsche vergräbt sich in den folgenden Jahren in seine Einsamkeit. So kann er auch die Distanz zur Familie, die ihn selbstverständlich über den Postweg weiter versorgt, wahren. Er zieht sich nach Italien und in sein geliebtes Sils-Maria zurück. Lebenswichtig wird die Mutter für den Sohn, als er Anfang Januar 1889 in Turin zusammenbricht. Die Diagnose, die immer wieder angezweifelt wird, lautet: progressive Paralyse als Folge einer luetischen Infektion. Nietzsches Wirt, Davide Fino, kümmert sich in diesen Tagen um den tobenden Philosophen. Schon am 8. Januar sucht ihn sein treuer Freund Franz Overbeck, der von Jacob Burckhardt alarmiert wurde, in seiner Pension auf. Overbeck handelt entschlossen, er reist am nächsten Tag mit dem Kranken und einem ärztlichen Betreuer nach Basel. Am 10. Januar wird Friedrich dort in die psychiatrische

Klinik «Friedmatt», die unter der Leitung von Professor Ludwig Wille steht, eingeliefert.

Vier Tage später besucht ihn die herbeigeeilte Mutter. Sie besteht darauf, dass ihr Sohn nach Jena in die Nervenklinik kommt. Sie stößt zwar auf den heftigen Widerstand von Overbeck, der meint, die Übersiedlung nach Jena käme «absolut»[220] nicht in Frage, doch Franziska Nietzsche bleibt gnadenlos starrsinnig. Sie möchte den Kranken in ihrer Nähe haben, um ihn zu pflegen, denn sie glaubt, sie könne ihn durch ihre Fürsorge heilen; schließlich setzt sie sich durch. Wenige Tage später reist sie mit ihm, dem Arzt Dr. Ernst Mähly und dem Krankenpfleger Jakob Brand nach Jena. Schon während der Zugfahrt wird ihr klar, dass sie die Krankheit ihres Sohnes unterschätzt hat. So erfährt sie im Zugabteil zum ersten Mal das Ausmaß der Tragödie; sie berichtet Overbeck über ihr bedrückendes Erlebnis: «Ich bin ja von Frankfurt aus gar nicht in demselben Coupée gefahren weil er, als er vom Abort, in deren Raum er noch stand, einen Wutanfall auf mich bekam, nur von einer Minute etwa, aber schrecklich anzusehen und zu hören, so daß ich mich [um] Unruhe zu vermeiden gar nicht wieder in seine Nähe traute»[221]. In Jena angekommen, wird Nietzsche in Professor Otto Binswangers Klinik aufgenommen. Dort be-

Die Binswanger-Klinik in Jena

sucht sie ihn regelmäßig. Sie lebt immer noch in der Hoffnung, dass ihr Sohn geheilt werden könne. Sie teilt Overbeck ihre hauseigene Diagnose mit: «Das Buch ‹Geisterdämmerung oder wie man mit der Hammer philosophiert›, habe ich mir geliehen und darin gelesen, allerdings kann da ein Gehirn sich zermartert haben und die andern sind gewiß ebenso in ihrer Art»[222]. Der Sohn ist, so ihre Vermutung, schlichtweg an seinen Gedanken irre geworden. Aber wenn das so ist, glaubt sie, besteht vielleicht noch Aussicht auf Heilung. Bezeichnend übrigens, dass Franziska Nietzsche den Haupttitel des Buches falsch wiedergibt, es handelt sich um die *Götzen-Dämmerung.* So unbekannt, wie ihr das Werk des Sohnes war, so fern lag ihr auch zunächst eine realistische Einschätzung der Krankheit. Binswanger verschweigt ihr den Befund, eben progressive Paralyse. Sie hätte es ihm ohnehin nicht geglaubt. Der Psychiater erklärt der Mutter, dass Friedrich an einer «Überreizung der Gehirnnerven»[223] leide, außerdem könnten auch die «Augen» oder eine «Erbkrankheit» schuld an dem Dilemma sein. Franziska Nietzsche traut trotzdem den Medizinern nicht: «Quälte mich nur nicht ewig der Gedanke, ob die Ärzte die Krankheit meines Sohnes richtig auffaßten! Es kommt mir vor, als ob sie an etwas Angeborenes glaubten und darauf hin kurierten […]. Ich glaube weit mehr an Überarbeitung an und für sich […]; wer will aber den Ärzten gegenüber mit seiner einfachen Auffassung aufkommen?»[224] Auch Elisabeth Nietzsche wehrt sich gegen die Diagnose «Erbkrankheit», denn die komplette Familie könnte so in das Zwielicht einer obskuren Krankheit geraten.

Die «Überarbeitungs»-These der Mutter wird jedenfalls in den kommenden Jahren ad absurdum geführt. Nietzsches Zustand verschlechtert sich zusehends. Ein Einblick in seinen zerrütteten Geist sei gestattet: Im November

Ich werde ihn mir immer vorstellen können wie er jeden Morgen mit seinem weißen Sonnenschirm dem See zueilte, wo er öfters den ganzen Morgen zubrachte, hingestreckt im Gebüsch liegend
auf einem hohen Felsen umringt von Alpenrosen mit herrlichster Aussicht,
‹seinen Rosensalon› wie er diesen Punkt nannte.
Emily Fynn, 31. März 1889

Franziska Nietzsche mit ihrem kranken Sohn

1889 bringt Friedrich Nietzsche auf Bitten der Mutter ein paar Zeilen für die Schwester zu Papier, heraus kommt dabei: *Mein liebes Springtierchen, sogenannt Lama Padelchen! Soeben läuten die Reformationsglocken, meiner Reformationskirche vor mir, das Mutterchen hat mich eben mit ‹Trübli› erquickt. – Eine Zeit zuletzt kaum zu charakterisieren! Gibt es zehnfache Unwahrscheinlichkeit, sollst mit einem blauen Auge davonkommen!* [225]

Wenige Tage bevor Nietzsche im Mai 1890 die Klinik für immer verlässt, kommt es zu einem kleinen Skandal. Der Kranke, der wie üblich in Begleitung der Mutter sein Solbad nehmen möchte, entwischt ihr. Die wird vor lauter Sorgen fast wahnsinnig, bis sie nach Hilfe sucht: «Endlich beschließe ich, auf die Polizei zu gehen und mir ihre Mithilfe zu bitten, da ich, feuerrot und in Schweiß gebadet, fast nicht mehr fortkonnte, gehe da die Leutrastraße ein Stückchen und biege das Durchgangsgäßchen nach der Kollegienstraße ein und eben diese erreicht, kommt mein Herzenskind an der Seite eines Polizisten ganz gemütlich plaudernd die Straße daher. Ich hätte vor Dank zu meinem lieben Gott auf die Knie sinken mögen! Ich nahm den Polizisten etwas zur Seite und hörte, daß er neben dem Herrenbad in einer Lache habe baden wollen und wohl länger entblößt herumgegangen sei.» [226] Franziska Nietzsche wird tags darauf von einem der Anstaltsärzte gerügt. Der droht ihr im Auftrag von Binswanger, den «Kreisphysikus» vorbeizuschicken, der solle den Fall eingehend prüfen. Obendrein sei es besser, so der Arzt, dass der Sohn in der Klinik bleibe, oder sie müsse dafür sorgen, dass ein «Wächter» immer in der Nähe sei. Franziska Nietzsche reagiert sofort, sie packt die Sachen ihres Sohnes zusammen und reist mit ihm nach Naumburg.

Nach dieser Flucht wohnt Nietzsche vom 13. Mai 1890 an in dem beschaulichen Städtchen. Seine Mutter, die inzwischen 64 Jahre alt ist, pflegt ihn aufopferungsvoll in den letzten sieben Jahren ihres Lebens, zusammen mit Alwine Freytag, der Haushaltshilfe. Sie ist rund um die Uhr beschäftigt, selbst nachts kommt sie nicht zur Ruhe, sie liegt regelrecht auf der Lauer, «ich schlafe neben seinem geschlossenen Schlafzimmer auf dem Sopha in der Stube» [227]. Ist es in seinem Zimmer auffällig ruhig, dann schaut sie durchs «Schlüsselloch» [228], wenn es sein muss, bis zu zwanzigmal an einem «Morgen». Franziska Nietzsche steht rund um die Uhr ihrem Sohn zu Diensten. Der Tagesablauf sieht wie folgt aus: «Wir gehen früh gleich nach dem Frühstück spazieren auf den Bürgergarten, von da den ganzen herrlichen Buchwald durch und die schattige Chaussee nach Hause, wo wir gegen 12 Uhr eintreffen. Dann kommt der Barbier, darauf spielt er etwas Klavier und verbringen sonst die Zeit bis 1 Uhr, wo ich ihm für 12 1/2 Sgr. Suppe, Voressen und Braten von Alwine holen lasse, ausgezeichnetes Essen, wie ich von unseren früheren Herren im Hause wußte. Hr. Tittel hat freie Wohnung und Mittagessen, indem Alwine Gemüse und Fleisch täglich für uns drei kocht, denn ich kann mich um nichts als meinen lieben Patienten bekümmern, was mein Bischen Kraft, die ich noch habe, vollständig in Anspruch nimmt, denn nachdem wir etwas nach Tische geschlafen, gehen wir auf die Veranda und da lese ich ihm bis zum Abendessen vor, wozu ich ihm auch wieder den Kakao und Schinkensemmeln selbst bereite und nachdem wir bis 3/4 10 spazieren, dann bringe ich ihn zu Bett und ich besorge alles für den anderen Tag, und gehe dann gegen 11 totmüde und erschöpft zu Bett.»[229]

Erschwert wird die Pflege, als der Sohn zu Hause gebadet werden muss, darüber berichtet sie Overbeck im Juli 1894: «Meines Sohnes Befinden ist die Zeit daher dasselbe gewesen, so daß wir, da er auch beim Baden so laut war, zu Bädern im Hause greifen mußten. Es ist freilich etwas umständlich, da wir eben wegen des Lautseins nur sein gut verbarrikadiertes Schlafzimmer dazu benutzen können und so sind immer 20 Eimer in die Wanne zu tragen und ebenso wieder fortzuschaffen [...]. Ich bade ihn nun einen Tag um den andern»[230]. Auch diese Mühe erträgt Franziska Nietzsche stoisch. Als Elisabeth im Dezember 1890 – nach vierjähriger Abwesenheit – aus Paraguay zurückkehrt, ist sie der Mutter kaum eine Hilfe, denn sie hat andere Pläne: Sie möchte ihren Bruder vermarkten. So entstehen neue Probleme, die Franziska Nietzsche belasten. Der Nachlass des Sohnes muss verwaltet werden, der Ärger mit Nietzsches Verleger wird zu einer Strapaze, und Elisabeths Kampf um die Vormundschaft ist alles andere als erholsam. Obendrein bleibt die beschwerliche Pflege der Mutter und Alwine Freytag überlassen. Der dahinsiechende Sohn verfällt von Monat zu Monat. Trotzdem verliert sie nicht den Mut, ihre

Mutterliebe gibt ihr die Kraft: «Ein n a m e n l o s e s Weh durchzieht oft meine Seele, doch muß ich dem Allbarmherzigen innig danken, daß er mich dabei gesund erhält, was sollte nur sonst aus dem armen armen Kinde werden, dem die mütterliche Liebe so wohltut»[231]. Franziska Nietzsche stirbt am 20. April 1897. Was aus ihrem «armen Kind» wird, bestimmt fortan die Tochter.

Elisabeth Förster-Nietzsche: «Hilf mir's tragen und sinne auf Abhülfe»

Elisabeth Nietzsche wird am 10. Juli 1846 in Röcken geboren. Sie erduldet wie ihr Bruder zwangsläufig die Naumburger Erziehung. In ihrem Buch «Der junge Nietzsche», das 1912 erschien, berichtet sie nicht ohne Stolz vom Geschwisterpaar: «[...] wir waren ungeheuer artig, wahre Musterkinder, wir gehorchten, wie unser Großvater unsrer Mutter gegenüber lobend erwähnte, nicht nur aufs Wort, sondern auf den Blick. Ich würde gern irgend einen tollen Streich oder etwas recht Ungezogenes erzählen, aber es fällt mir nichts ein»[232]. Diese Schilderung lässt ahnen, welch hartes Regiment geführt wurde. Franziska Nietzsche hielt ihre Kinder in Zucht, wenn es sein musste schlagend und tobend. Um sich von dieser Herrschaft zu erholen, imaginieren sich beide aus dem Erziehungsprogramm heraus: «Unsere lebhafte Phantasie vergoldete alles, was uns in den Weg kam»[233]. Besonders der Bruder zeichnet sich hier aus. So bedichtet er zum Beispiel ein Porzellan-Eichhörnchen dramatisch, die Schwester wird mit Begeisterung daran teilgenommen haben.

Diese verschworene Zweisamkeit ist fortan für beide lebensbestimmend, auch wenn sie sich zuweilen heftig streiten, so können sie nie voneinander lassen. Die Rollen sind zunächst klar verteilt: «Mein Bruder war für mich von frühster Jugend an eine Autorität ersten Ranges. Und wenn seine Freunde später behaupteten, daß ich wie jene Schüler Heraklits jede Diskussion mit den Worten [...] Fritz hat's gesagt [...] für beendet und entschieden gehalten hätte, so war dies vollständig richtig.»[234] Nietzsche behagt die Rolle als Autorität und Pädagoge, er nimmt seine Aufgabe sehr ernst: Er versorgt die Schwester mit Lektüre, und er überwacht schulmeisterlich ihre Hausaufgaben. Friedrich erzieht Elisabeth nach seinen

Edvard Munch: Elisabeth Förster-Nietzsche, 1906

Vorstellungen; so wird schon hier das Konfliktpotential ange-
legt, das Nietzsche noch viele Sorgen bereiten wird. Besonde-
ren Wert legt der Bruder auf das Training der Selbstbeherrschung: «Wenn ich mich recht erinnere, so lief der größte Teil
seiner Ermahnungen darauf hinaus, mich Selbstbeherrschung
zu lehren: Schmerz, Kummer, Unrecht schweigend mit lä-
chelnder Miene und freundlichen Worten zu ertragen.»[235]
Und der Bruder gibt ihr den entscheidenden Tipp, den sie spä-

ter als Herrscherin seines Nachlasses konsequent verwirklicht: «Lisbeth, wer sich selbst beherrschen gelernt hat, der beherrscht auch andere.»[236]

Im Gegensatz zum Bruder, der nach Knabenbürgerschule, Privatunterricht und Domgymnasium 1858 nach Schulpforta kommt, wird Elisabeth Nietzsche, den damaligen Erziehungsvorstellungen entsprechend, weniger zugemutet. Sie eignet sich fleißig und schnell in einem Privatinstitut die übliche Mädchengrundausstattung an: Rechnen, Schreiben, Lesen und Französisch. Den letzten Schliff erhält sie in einem Pensionat in Dresden, dort genießt sie für sechs Monate das freie Leben. Betrübt kehrt sie in die provinzielle Enge Naumburgs zurück, sie weiß, dass sie, nachdem das Erziehungsprogramm abgeschlossen ist, Hausfrau werden soll. Obendrein erwartet die Mutter einen Schwiegersohn. Doch die Tochter spielt nicht mit, infiziert vom brüderlichen Selbstbeherrschungspraktikum setzt sie ihren Kopf durch. Franziska Nietzsche ist betrübt, weil Elisabeth anderes im Kopf herumspukt, sie möchte ihren geliebten Bruder umhegen und pflegen, eine Ehe wäre da sehr störend. Dass dies ganz im Sinne des Bruders ist, zeigt ein Briefausschnitt[237] vom Juli 1881: *Ich denke, Du wirst über den Irrthum vieler Mädchen hinaus sein, welche ihren Zug zur Zurückgezogenheit und Unabhängigkeit auf dem Wege der Ehe zu befriedigen denken; das Ergebniß ist gewöhnlich ganz wider Erwarten das Umgekehrte, von den seltensten Ausnahmen abgesehen.* Friedrich Nietzsche suggeriert der Schwester, dass eine Heirat ein Fehler wäre, für sie gibt es wichtigere Aufgaben, sie soll den genialen Bruder versorgen, keinen Ehemann. Die *Unabhängigkeit*, von der Friedrich spricht, solle sie doch gefälligst, und nichts anderes steht zwischen den Zeilen, dem Bruder opfern. Am Ende des Briefes schreibt er Klartext: *Versorge mich, mein liebes Lama, doch mit schönen Notizbüchern und lege eine Werkstatt dazu an – ich brauche jährlich mindestens 4; feinstes, sehr starkes Papier (weiß), ungefähr 100 Blätter in jedem Buche. […] In herzlicher Liebe und mit den besten Grüßen an unsre Mutter. Die Wurst ist doch sehr schön.* Die schwesterliche Fürsorge funktioniert, mit gewissen Ausrutschern, viele Jahre lang perfekt.

Elisabeth Nietzsche denkt zunächst nicht daran, sich zu verehelichen, obwohl Heiratskandidaten vorhanden sind. So gibt es in Naumburg einen gewissen Rudolph, der wäre als Gatte keine schlechte Partie, doch Elisabeth winkt ab. Als der Verschmähte sich schließlich mit Fräulein Bertha verlobt, freut sich Elisabeth. Diese Reaktion missfällt der Mutter. Die Tochter, die inzwischen schon vierundzwanzig Jahre alt ist, berichtet dem Bruder davon: «Sehr possierlich geberdet sich dabei die Mama, sie behauptet es wäre empörend, daß ich mich so herzlich darüber freue, denn ich hätte dieses Herze besitzen können und hätte es verschmäht, und sie würde heute nicht zu Mittag essen und immer kümmerlich und traurig sein. Du lieber Himmel ich habe doch nichts dazu gethan, und wenn die Mama auf Jemand Verkehrtes ihre Hoffnung setzt, so kann ich doch nicht davor, und ich suche es ihr begreiflich zu machen, wie betrüblich es wäre, wenn mich die Verlobung eben nicht so innig freute! Es hilft aber Alles nicht, sie bricht nur immer in das prophetische Wort aus: ‹Du verschmähst die Schütten und bekommst ein Strohbündel!› Und es ergreift sie ein stiller Schauder, wenn ich fröhlich hinzusetze: ‹Oder gar Niemanden!›»[238] Die Reaktion der Mutter ist durchaus kindisch, droht sie doch mit Nahrungsverweigerung. Die Tochter dagegen tritt selbstbewusst auf, sie lässt sich nicht durch das weinerlich-vorwurfsvolle Gerede Franziska Nietzsches beirren.

Schließlich möchte sie vor allem den Bruder unterstützen, das hat Priorität. Elisabeth Nietzsche erweist sich als dienstbarer Geist. Nicht umsonst gibt ihr der Bruder den Spitznamen eines Lasttieres: *Lama*. Bevor Nietzsche 1869 seine Professur in Basel antritt, ist noch eine nervtötende Arbeit zu erledigen: Er muss für die vierundzwanzig Jahrgänge des «Rheinischen

> [...] so blieb doch der schreckliche Index zu den 24 Bänden des Rheinischen Museums zu vollenden. Ich bot mich [...] zur Mitarbeit an und wurde diesmal auch tüchtig zu den Kärrnerdiensten herangezogen. Fritz arbeitete das Ganze aus, ich zerschnitt die Blätter und teilte die Notizen in die verschiedenen Fächer ein, stellte sie nach dem Alphabet zusammen und klebte sie dann in der richtigen Reihenfolge auf.
>
> **Elisabeth Förster-Nietzsche:**
> **«Der junge Nietzsche»**

Museums» einen Index erstellen. Die Schwester hilft ihm eifrig dabei. Sie profitiert davon, hier macht sie ihre ersten editorischen und philologischen Erfahrungen, die ihr später – als Herrscherin über das Nietzsche-Archiv – von großem Nutzen sein werden.

In den folgenden neun Jahren, in denen der Bruder in Basel arbeitet, ist sie lebenswichtig für ihn. Der unpraktische Nietzsche, der immer häufiger von Schmerzen geplagt wird, ist auf ihre Unterstützung angewiesen. Bis zu seiner Kündigung führt sie mit Unterbrechungen in Basel den Haushalt ihres «Herzensfritz». Sie ordnet alles aufs Fürsorglichste; so berichtet der Baseler Bürger Walther Siegfried Folgendes über das Paar: «Regelmäßig wie eine Uhr ging Tag für Tag um die Mittagszeit ein Herr, von einer jugendlichen Dame begleitet, vor unseren Fenstern vorüber, der nur ein deutscher Professor sein konnte. Er […] ging in sehr aufrechter Haltung und trug stets schwarzen Rock, hellgraue Beinkleider und einen hellgrauen breitrandigen Filzhut, alles peinlich frisch und gebürstet wie eben aus der Schachtel. Ebenso unabänderlich war das Fräulein in die zartesten Farben gekleidet, himmelblau oder rosa; Vergißmeinnicht oder Röschen auf dem Hut.»[239] Nietzsche weiß, wie er Carl von Gersdorff im September 1875 berichtet, die Mühen der Schwester zu schätzen: *So bin ich endlich, seit meinem dreizehnten Lebensjahre, wieder in traulicheren Umgebungen, und je mehr man sich aus allem, was Andre erfreut, exilirt hat, um so wichtiger ist, dass unsereins seine eigne Burg hat […]. Ich habe es durch das glückliche Wesen meiner Schwester, das mit meinem Temperament auf das beste zusammenstimmt, vielleicht günstiger getroffen als sehr viele Andere*[240]. Der junge Professor, der auszog, um eine große akademische Karriere zu machen, flüchtet sich in die heimische Wohnung. Bezeichnenderweise benötigt er eine Kopie seines ursprünglichen Naumburger Heims.

Elisabeth Nietzsche genießt das Leben in Basel, ist sie doch die Schwester des berühmten Professors. Durch ihn lernt sie einen Teil der angesehenen Baseler Gesellschaft kennen, hier fühlt sie sich wohl. Die Umgangsformen, die höheren, die sie im Dresdner Mädchenpensionat fleißig gelernt hat, kann sie nun umsetzen. Den letzten Schliff bekommt sie jedoch von Cosima Wagner. Die bittet ihren Bruder am 16. Januar 1875 um Hilfe. Das Ehepaar Wagner möchte im Februar auf Konzertreise nach Prag und Wien gehen. Cosima Wagner benötigt deswegen dringend einen Ersatz. Elisabeth Nietzsche soll deren Zöglinge wie eine «Mutter» versorgen. Sie, die schon viereinhalb Jahre zuvor vom Bruder in Tribschen vorgestellt wurde, wird regelrecht als «moralische Beruhigung»[241] angefordert. Friedrich Nietzsche benachrichtigt sofort Elisabeth, sie hält sich gerade in Naumburg auf: *Ich bitte unbedingt darum, zu thun, worum Du gebeten wirst, unsre gute Mutter wird mit Vergnügen Ja! sagen.*[242] Sie sagt zu. Schließlich verspricht ihr Nietzsche *eine Art von hoher Schule*[243]. Fünf Wochen genießt sie das Leben in der Villa: «Nein und wie schön ist es hier, das ist ordentlich märchenhaft und ich komme mir wie in einem Zauberschloß vor.»[244] Besonders interessant ist es dort, als Wagners neun Tage vor Elisabeth Nietzsches Abreise eintreffen. Cosima Wagner führt sie in die Adelswelt ein: «Da Cosima und ich ziemlich 30 Besuche gemacht haben, so habe ich den ganzen Vormittag Besuche zu empfangen, der ganze fränkische Adel in all seiner Gutmüthigkeit zieht an mir vorüber»[245]. Die Ersatzmutter ist ordentlich stolz, obendrein bietet ihr die Hausherrin das Du an – Elisabeth Nietzsche ist verzückt. Als Belohnung für ihre fleißige Arbeit wird sie in den Bayreuther Clan aufgenommen. Jetzt endlich hat sie das geschafft, wovon sie immer geträumt hat: Sie gehört zur Elite – wie sie meint.

Doch ihr Glück wird zerstört, immer häufiger treten Differenzen zwischen ihr und dem Bruder auf, die Freigeisterei in *Menschliches, Allzumenschliches* stößt auf ihren Unwillen. Sie weiß, dass der Bruder mit diesem Werk die Fundamente der Naumburger Familie, aber auch die Beziehung zu Wagners bedroht. Schließlich löst sie im Juli 1878, noch bevor Nietzsche seine Professur aufgibt, den Haushalt auf. Die Schwester ist tief enttäuscht, bleibt ihr doch nichts anderes übrig, als wieder zu der Mutter nach Naumburg zu ziehen. Sie hilft ihr notgedrungen im Haushalt, sorgt weiterhin aus der Ferne für den Bruder und schreibt, wie er sich auszudrücken pflegt, an ihren *Novellen-Eierchen*[246].

1880 geschieht Einschneidendes. Im Sommer meldet sich Dr. Bernhard Förster bei ihr, den hat sie 1876 bei den Bayreuther Festspielen kennen gelernt. Er arbeitet als Lehrer in Berlin und ist ausgewiesener Antisemit. Er bittet sie, Unterschriften für eine Petition, die an Bismarck geschickt werden soll, zu sammeln. Förster und seine Gefolgschaft wollen, dass der Kanzler sie vor den jüdischen Bürgern schützt. Elisabeth Nietzsche unterstützt mit Engagement den Förster-Kreis, zumal ihr der redegewandte Antisemit eine glorreiche Zukunft in Aussicht stellt. Er ist davon überzeugt, dass ein Leben in Deutschland für ‹reine Arier› unmöglich geworden sei. Deswegen müsse man auswandern und eine germanische Kolonie gründen. Sie

Bernhard Förster

glaubt diesen Blödsinn. Vielleicht auch, weil sich hier endlich eine Möglichkeit bietet, dem provinziellen Naumburg zu entkommen. Dort hält sie nur noch wenig, zumal die Lou-Affäre die Distanz zu ihrem Bruder weiter vergrößert hat. Zunächst reist Förster 1883 nach Paraguay, um geeignetes Land für die geplante Kolonie zu erkunden. Elisabeth Nietzsche dagegen engagiert sich auf ihre Art, sie schreibt ihm regelmäßig Liebesbriefe. Das gefällt dem Agitator. Schließlich wird am 22. Mai 1885 geheiratet.

Nietzsche ist alles andere als erbaut von dem Ehegatten seiner Schwester. Im Mai 1885 schreibt er an die Mutter: *Die Sache ist aber gefährlich, und wir wollen etwas auf der Hut sein; für meinen persönlichen Geschmack ist ein solcher Agitator zum näheren Verkehre etwas Unmögliches.*[247] Um solche Einwände schert sich die Schwester nicht. Im Februar 1886 verlassen das Ehepaar Förster und einige Siedlungswillige Europa, um in Para-

«Nueva Germania»: «Försterode»

guay die Kolonie «Nueva Germania» zu gründen. Das Leben erweist sich dort, entgegen den Erwartungen, als äußerst beschwerlich: Elisabeth Förster-Nietzsche kann nicht die feine Dame spielen, sie wird zwangsläufig, so muss sie es empfinden, zur Landwirtin degradiert. Das Projekt scheitert kläglich. Förster, der seine Schulden nicht bezahlen kann, bringt sich schließlich im Sommer 1889 um. Elisabeth Förster-Nietzsches Karriere ist auf dem Tiefpunkt angelangt. Letztlich behält ihr Bruder Recht mit seiner Einschätzung, die er kurz vor ihrer Abreise am 7. Februar 1886 äußert: *Diese ganze Erhitzung von Gefühlen, wie sie hinter der ganzen Geschichte als Ursachen liegen, ist eigentlich schon für ein Lama (genauer: für unsern eigentlichen Familien-«Typ», der seine Kunst im Versöhnen zwischen Contrasten hat) zu tropisch, nach meiner Meinung sogar nicht einmal gesund*[248]. Und: *Das Lama als Landwirthin, welche Butter und Milch verkauft! Nein, welche Komödie!*[249] Als diese *Komödie* beendet ist, beginnt in Naumburg ein Drama.

Als Elisabeth Förster-Nietzsche im Dezember 1890 bei ihrer Mutter und dem irrsinnigen Bruder eintrifft, scheint sich zunächst alles zum Guten zu wenden. Franziska Nietzsche berichtet Overbeck über ihre ersten Eindrücke: «Ich ging mit Fritz an den Bahnhof, wo er sie mit einem Rosenstrauß empfing [...]. Lieschen war in den ersten Tagen ganz unglücklich über unsern Herzenspatienten, da sie selbst von der Reise außerdem so angegriffen war. Jetzt sieht sie es schon ruhiger an und wir liebkosen ihn um die Wette»[250]. Doch die Streicheleinheiten lässt die Schwester schnell bleiben, sie hat anderes im Sinn. Die Förster-Episode hat ihrem Ruf geschadet, deswegen steht sie unter Erfolgsdruck: Es gilt, das angeschlagene Image zu retten.

Im Unterschied zu Malwida von Meysenbug, die seit der Begegnung mit Wagner ihre Auffassung von Frauenemanzipation brav idealistisch-ästhetisch untermauert und damit in ihrem römischen Elfenbeinturm sitzen bleibt, greift Elisabeth Förster-Nietzsche maßgeblich in den Lauf der Geschichte ein, mit allen Mitteln. Zunächst versucht sie, kaum in Naumburg angekommen, das Paraguay-Projekt zu retten, indem sie einen Propaganda-Rundumschlag startet, um Geld einzutreiben. Schließlich reist sie 1892 noch einmal nach Südamerika, aber dort steht sie auf verlorenem Boden. 1893 kehrt sie voller Tatendrang nach Naumburg zurück. Schon bei ihrem ersten Besuch, 1890, setzte sie gegen den Willen der Mutter durch, dass eine Gesamtausgabe der Werke Nietzsches in Leipzig erscheinen sollte. Jetzt reißt sie alles, was mit ihrem Bruder – Leib und Werk – zu tun hat, an sich. Zunächst lässt sie das Haus umbauen, benötigt sie doch Raum, um ein Archiv einzurichten. Damit ist Franziska Nietzsche einverstanden. Es kommt jedoch zu erheblichen Auseinandersetzungen, als die Tochter auf die Idee kommt, ein größeres Haus zu mieten, schließlich möchte sie standesgemäß repräsentieren, zumal ihr Bruder endlich von einer breiteren Öffentlichkeit wahrgenommen wird: Ein wahnsinniger Philosoph ist eine Attraktion. Doch die Mutter weigert sich. Schließlich zieht Elisabeth Förster-Nietzsche inklusive «Nietzsche-Archiv» innerhalb Naumburgs um, der Bruder darf bei der Mutter wohnen bleiben.

Nietzsches Schwester weiß sich zu rächen. 1895 erscheint der erste Teil ihrer dreibändigen Nietzsche-Biographie, sie verkauft sich gut. Die Mutter liest den Text und muss zu ihrer Verwunderung feststellen, dass sie nur als blasse unbedeutende Nebenfigur erwähnt wird. Das verbittert sie aufs tiefste. Elisabeth Förster-Nietzsche dagegen führt schon den nächsten Angriff, sie schafft es, der Mutter und dem Neffen Adalbert Oehler, den Vormündern Friedrich Nietzsches, auf intrigante Weise die Rechte auf Nietzsches Werk abzutrotzen. Jetzt ist sie im Besitz der geistigen Produkte ihres Bruders. Seinen Körper, den sie noch zu Propagandazwecken benötigt, bekommt sie nach dem Tod der Mutter im April 1897.

Im August 1896 siedelt Elisabeth Förster-Nietzsche nach Weimar über, der Bruder folgt ein paar Monate später. Weimar – das Zentrum der klassischen Kultur – ist der ideale Ort für das «Nietzsche-Archiv». Die «Villa Silberblick», die übrigens Meta von Salis-Marschlins gekauft und zur Verfügung gestellt hat, ist fortan der letzte Wohnsitz der Geschwister. Elisabeth Förster-Nietzsche hält großen Hof, sogar ein Kutscher gehört zu ihrer Dienerschaft. Sie eifert ohne Zweifel Cosima Wagner nach, die betreibt in Bayreuth einen vergleichbaren Kult um Wagner. Die Parallelaktion in Weimar wird zum durchschlagenden Erfolg, da Elisabeth Förster-Nietzsche es versteht, Sponsoren zu finden: So überweist ihr etwa der Stockholmer Bankier Ernest Thiel beträchtliche Geldsummen. Außerdem

«Villa Silberblick» in Weimar

haben das Werk und der Körper des Philosophen Konjunktur, nicht zuletzt durch Elisabeths Propagandafeldzug, den sie äußerst energisch betreibt. Während im oberen Stockwerk Friedrich Nietzsche vor sich hin vegetiert, werden unten Empfänge gehalten. Auserlesenen Personen wird ohne Skrupel das todkranke Ausstellungsstück vorgeführt. Isabella von Ungern-Sternberg, die Dame, mit der Nietzsche einst vergeblich ein Luftkissen aufzublasen versuchte, wird wenige Monate vor Nietzsches Tod eine Audienz gewährt. Die einstige Reisebegleiterin ist verzaubert: «Wie ward mir, da ich ihn erschaute in der Hoheit seines Wesens, der so unendlich vertieften Schönheit seelischen Ausdrucks! Die Schönheit des Auges zumal, von keiner Brille mehr verhüllt, war geradezu überwältigend. Von diesen tieftraurigen Augensternen, die in die Ferne zu schweifen und doch nach innen zu schauen schienen, ging eine mächtige Wirkung aus, ein magnetisches geistiges Fluidum, dem sich keine sensitive Natur entziehen konnte. [...] Ein Schauspiel für Götter, das zu schauen mir beschieden.»[251] Die adelige Dame interpretiert die Realität erbärmlich windschief.

Elisabeth Förster-Nietzsche in der «Villa Silberblick» vor ihren Devotionalien

In Wirklichkeit lag in dem Zimmer ein aufgeschwemmter, halb bewusstloser Körper: sicherlich ein herzzerreißender Anblick, aber alles andere als ein Götterschauspiel.

Elisabeth Förster-Nietzsche ist auch im Umgang mit dem Werk des Bruders pietätlos. Sie präsentiert der Öffentlichkeit

ein falsches Bild seiner Philosophie. Sein Schaffen verstand sie ohnehin nie, deswegen dürfte es ihr leicht gefallen sein, die Philosophie Friedrich Nietzsches für andere Zwecke zu instrumentalisieren. Rudolf Steiner, den sie als Herausgeber der Werke Nietzsches gewinnen wollte, erkennt diese Unfähigkeit mit sicherem Blick: «Frau Förster-Nietzsche fehlt aller Sinn für feinere, ja selbst für gröbere logische Unterscheidungen; ihrem Denken wohnt auch nicht die geringste Folgerichtigkeit inne; es geht ihr jeder Sinn für Sachlichkeit und Objektivität ab. Ein Ereignis, das heute stattfindet, hat morgen bei ihr eine Gestalt angenommen, die mit der wirklichen keine Ähnlichkeit zu haben braucht; sondern die so gebildet ist, wie sie sie eben zu dem braucht, was sie erreichen will.»[252] Trotz dieses Defizits hat sie Erfolg, denn sie erreicht, dass ihr Bruder berühmt wird.

Nietzsche, dem das Nationale und Preußische verhasst war, wird von Elisabeth Förster-Nietzsche national zurechtgestückelt. Als der Erste Weltkrieg ausbricht, glaubt sie die «Lehre» ihres Bruders im Schlachtengetümmel zu erkennen: «Unsere Truppen rollen wie eine Sturmwelle über Belgien und Frankreich. Dieser Krieg zeigt,

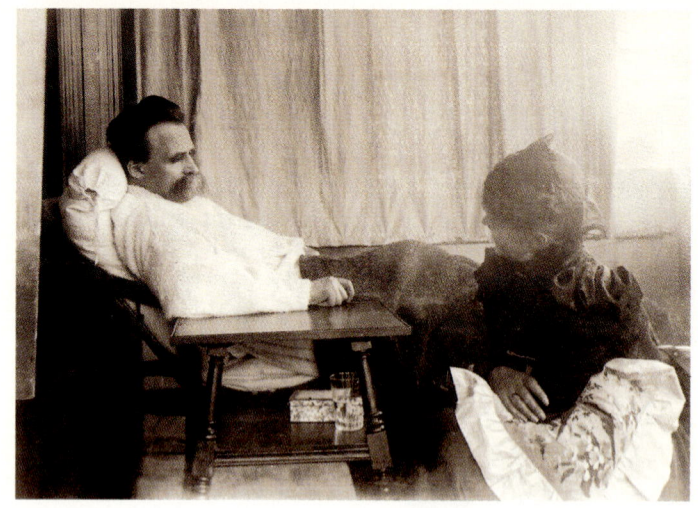

Schwester und Bruder, Foto von Hans Olde

wie tief die Lehre meines Bruders ‹werdet hart› gewirkt hat.»[253]
Den vermeintlichen Übermenschenspuk des *Zarathustra* weiß
sie zeitgemäß zu vermarkten. Schließlich verlangt Deutschland
nach starken Männern. Zwischen 1917 und 1918 werden ungefähr 65 000 Exemplare vom *Zarathustra* verkauft.

Eine weitere Fälschung begeht sie mit der Herausgabe des
angeblichen Hauptwerks Nietzsches, dem «Willen zur
Macht». Dieses Buch hat der Bruder nie geschrieben, allerdings
geplant. Anlass genug für Elisabeth, den erwünschten Text aus
dem umfangreichen Nachlass zusammenzustückeln. Die Fälschung wird über Jahrzehnte hinweg von der Nietzsche-Forschung eifrig diskutiert. Erst Karl Schlechta[254] deckt 1937 den
Betrug der Schwester auf. Seine Diagnose: Elisabeth Förster-
Nietzsche manipulierte und verfälschte, wo es ihr nötig erschien. So platzierte sie Tintenkleckse auf Briefstellen des Bruders, und zwar genau dort, wo sie unliebsame Stellen fand, sie
tauschte Briefadressaten gegen andere aus, schnitt und riss Teile heraus und brannte, wenn es ihr angebracht erschien, mit einer Kerze ganze Teile aus Texten heraus.

Elisabeth Förster-Nietzsche mit Hitler vor dem Nietzsche-Archiv

Einen späten Höhepunkt erreichte Elisabeth Förster-Nietzsches Leben mit dem Machtantritt der Nationalsozialisten. Denen verkaufte sie Nietzsche als Herrenrasse-Verkünder. Adolf Hitler ist – ebenso wie Benito Mussolini – begeistert, er besucht die herrische Dame mehrere Male. 1935 tauchte Hitler in der Begleitung seines Hausarchitekten Albert Speer unangemeldet bei ihr auf, um ihr mitzuteilen, dass er neben der «Villa Silberblick» eine Nietzsche-Gedenkstätte errichten möchte. Daraus wird nichts, weil Elisabeth Förster-Nietzsche wenig später am 8. November stirbt. Sie wird mit einem Staatsbegräbnis geehrt. Ihr Bruder starb 35 Jahre zuvor – wehrlos – am 25. August 1900.

ANMERKUNGEN

1 Folgende Nietzsche-Ausgaben werden in den Anmerkungen mit Siglen zitiert:
KSA: Sämtliche Werke. Kritische Studienausgabe in 15 Bänden. Hg. von Giorgio Colli und Mazzino Montinari. Berlin, New York 1988
KGB: Briefwechsel. Gesamtausgabe. Hg. von Giorgio Colli und Mazzino Montinari. Berlin, New York 1975 ff.
BAW: Frühe Schriften. Nachdruck der Ausgabe München 1933–1940. 5 Bde. München 1994
Folgende Standardwerke wurden immer wieder zu Rate gezogen:
Janz: Curt Paul Janz: Friedrich Nietzsche. Biographie. 3 Bde. Frankfurt a. M. 1999
KGO: Klaus Goch: Friedrich Nietzsche. Über die Frauen. Frankfurt a. M., Leipzig 1992

2 KSA 4, S. 86
3 Paul Deussen: Erinnerungen an Friedrich Nietzsche. Leipzig 1901, S. 24
4 KSA 1, S. 47
5 KSA 3, S. 424 f.
6 KSA 6, S. 305
7 Vgl. dazu Joachim Köhlers Biographie: Zarathustras Geheimnis. Friedrich Nietzsche und seine verschlüsselte Botschaft. Nördlingen 1989
8 KSA 6, S. 254
9 KSA 3, S. 428 f.
10 Intensiv setzt sich Hermann Josef Schmidt mit Nietzsches Kindheit auseinander (s. Bibliographie)
11 BAW III, S. 66 f.
12 KGB I, 1, S. 406 f.
13 BAW II, S. 55 f.
14 Ebd., S. 68
15 Vgl. dazu: KGO, S. 81–103
16 BAW III, S. 68
17 KSA 6, S. 258
18 KGB II, 5, S. 249
19 Vgl. zur nachfolgenden Interpretation: KGO, S. 31–37
20 BAW II, S. 70 f.
21 KGB I, 1, S. 217
22 Ebd., S. 218
23 KSA 6, S. 305 f.
24 KGB II, 5, S. 236
25 KGB I, 1, S. 252
26 Vgl. zur Anna-Episode ausführlicher: KGO, S. 67–79
27 KGB I, 1, S. 254
28 Ebd.
29 Ebd., S. 403
30 BAW II, S. 330
31 KGB I, 2, S. 133 f.
32 Vgl. zu Rosalie Nielsen: KGO, S. 142 f. und Janz I, S. 547–550
33 KGB II, 4, S. 262
34 Zit. nach: Janz I, S. 550
35 KGB II, 3, S. 167 f.
36 Ebd., S. 246
37 Vgl. Janz II, S. 316 f.
38 KGB II, 6/1, S. 307
39 Vgl. zu den folgenden Ausführungen: Janz I, S. 628–633
40 KGB II, 5, S. 147
41 Ebd., S. 154
42 Ebd., S. 152
43 Vgl. zu den folgenden Ausführungen: Janz I, S. 726–731
44 KGB II, 6/1, S. 379
45 KGB II, 5, S. 183 f.
46 KGB II, 6/1, S. 382
47 Ebd., S. 394
48 KGB II, 5, S. 185 f.
49 Ebd., S. 186
50 KGB II, 6/1, S. 452
51 Ebd., S. 454
52 KGB II, 5, S. 204
53 KGB III, 1, S. 272
54 KGB III, 2, S. 302
55 KGB III, 1, S. 278
56 KGB III, 2, S. 306
57 KGB II, 4, S. 654 f.
58 KGB II, 5, S. 227
59 Ebd., S. 250
60 KGB III, 3, S. 43
61 KSA 6, S. 268
62 KSA 3, S. 428
63 Empfehlenswert: Joachim Köhler: Friedrich Nietzsche und Cosima Wagner. Die Schule der Un-

terwerfung. Reinbek bei Hamburg 1998

64 KGB I, 2, S. 338

65 Cosima Wagner: Die Tagebücher. Bd. I, S. 96 [s. Bibliographie]

66 KGB II, 2, S. 90 f.

67 Cosima Wagner: Die Tagebücher. Bd. I, S. 181 f.

68 Ebd., S. 185

69 Vgl. Joachim Köhler: Friedrich Nietzsche und Cosima Wagner, a.a.O., S. 59

70 Vgl. Janz I, S. 425 f.

71 KGB II, 2, S. 492

72 KSA 2, S. 494

73 Cosima Wagner: Die Tagebücher. Bd. I, S. 330

74 KGB II, 1, S. 272

75 Ebd., S. 313

76 Vgl. Joachim Köhler: Friedrich Nietzsche und Cosima Wagner, a.a.O., S. 156–175

77 KGB III, 1, S. 365

78 KSA 6, S. 323

79 Cosima Wagner: Die Tagebücher. Bd. II, S. 124

80 Cosima Wagner: Die Tagebücher. Bd. I, S. 387

81 Cosima Wagner: Die Tagebücher. Bd. II, S. 171

82 KGB III, 1, S. 5 f.

83 Vgl. zur Problematik dieser Deutungsweise: Jörg Salaquarda: Noch einmal Ariadne. Die Rolle Cosima Wagners in Nietzsches literarischem Rollenspiel. In: Nietzsche-Studien 25 (1996), S. 99–125

84 KGB III, 5, S. 572

85 KSA 6, S. 398–401 – Die *Klage der Ariadne* ist bekannt als *Klage des Zauberers* im vierten Teil von *Also sprach Zarathustra*. Nietzsche übernimmt den Text mit Veränderungen in das Druckmanuskript der *Dionysos-Dithyramben*.

86 Vgl. zu den folgenden Ausführungen: Joachim Köhler: Friedrich Nietzsche und Cosima Wagner, a.a.O., S. 9 f.

87 Dietrich Mack: Cosima Wagner. Das zweite Leben. Briefe und Aufzeichnungen 1883–1930. München, Zürich 1980, S. 573

88 Nachträge und Register zur KGB. Berlin, New York 1987, S. 24

89 KGB II, 5, S. 149

90 KSA 2, S. 281

91 Dieses und die beiden vorangegangenen Zitate: Malwida von Meysenbug: Im Anfang war die Liebe. Briefe an ihre Pflegetochter. Hg. von Berta Schleicher. München 1926, S. 30 f.

92 Malwida von Meysenbug: Individualitäten. Berlin, Leipzig ²1902, S. 4

93 KGB II, 3, S. 81 f.

94 KGB II, 4, S. 133

95 KGB II, 6/1, S. 317

96 Ebd., S. 320 f.

97 KGB II, 5, S. 155

98 Ebd., S. 188

99 Ebd., S. 189

100 Malwida von Meysenbug: Briefe von und an Malwida von Meysenbug. Hg. von Berta Schleicher. Berlin 1920, S. 112

101 Malwida von Meysenbug: Im Anfang war die Liebe, a.a.O., S. 73

102 KGB II, 5, S. 229

103 Ebd., S. 250

104 Ebd., S. 216

105 KGB II, 6/1, S. 598

106 KGB II, 5, S. 331

107 KGB II, 6/2, S. 899

108 Ebd., S. 899 f.

109 KGB II, 5, S. 410

110 KGB III, 1, S. 4 f.

111 Malwida von Meysenbug: Im Anfang war die Liebe, a.a.O., S. 119

112 Malwida von Meysenbug: Individualitäten, a.a.O., S. 30

113 KGB III, 2, S. 246 f.

114 Ebd., S. 247

115 KGB III, 3, S. 29

116 Malwida von Meysenbug: Individualitäten, a.a.O., S. 1

117 KGB III, 5, S. 457–459

118 Ebd., S. 471

119 KGB III, 6, S. 330

120 KGB III, 5, S. 575

121 Vgl. Janz I, S. 645–652

122 KGB II, 6/1, S. 259
123 KGB II, 5, S. 358
124 KGB II, 6/2, S. 990 f.
125 KGB II, 5, S. 363
126 KGB II, 6/2, S. 997
127 Ebd., S. 1000
128 Ebd., S. 1021 f.
129 Ebd., S. 1053
130 Ebd., S. 1201 f.; 1204
131 KGB II, 5, S. 464
132 KGB III, 1, S. 381
133 Ebd., S. 307
134 Vgl. zu den folgenden Aus-
     führungen: Janz II, S. 110–172
135 KGB III, 1, S. 185 f.
136 Ebd., S. 186
137 Ebd., S. 180
138 KGB III, 2, S. 251
139 Lou Andreas-Salomé: Lebens-
     rückblick. Grundriß einiger Lebens-
     erinnerungen. Aus dem Nachlaß
     hg. von Ernst Pfeiffer. Frankfurt
     a. M. 1974, S. 80. Die erste Fassung
     des «Sternensatzes» unterschlägt
     Lou in ihrem «Lebensrückblick»,
     ursprünglich soll Nietzsche zu ihr
     gesagt haben: *Von welchen Sternen
     gefallen sind wir hier einander zu-
     geführt worden?*
140 Ebd., S. 76
141 Ernst Pfeiffer (Hg.): Friedrich
     Nietzsche, Paul Rée, Lou von Sa-
     lomé. Die Dokumente ihrer Begeg-
     nung. Frankfurt a. M. 1970, S. 183
142 KGB III, 1, S. 191
143 Lou von Salomé: Lebensrück-
     blick, a. a. O., S. 81
144 KGB III, 1, S. 194 f.
145 Ebd., S. 194
146 Ebd., S. 196
147 Ebd., S. 204
148 Ebd., S. 205
149 Ebd., S. 206
150 Ebd., S. 210
151 Ernst Pfeiffer (Hg.): Friedrich
     Nietzsche, a. a. O., S. 253
152 KGB III, 1, S. 223 f.
153 KSA 3, S. 225
154 KGB III, 2, S. 271
155 KGB III, 1, S. 236
156 Ernst Pfeiffer (Hg.): Friedrich

     Nietzsche, a. a. O., S. 254
157 Ebd., S. 181
158 Ebd., S. 185
159 Ebd., S. 186
160 Ebd., S. 217
161 KGB III, 1, S. 247
162 Vgl. Janz II, S. 151
163 KGB III, 1, S. 326
164 Lou von Salomé: Lebensrück-
     blick, a. a. O., S. 85
165 Zit. nach: KSA 15, S. 131
166 KGB III, 1, S. 281
167 Ebd., S. 283
168 Ebd., S. 402
169 Ebd., S. 284
170 Ebd., S. 312
171 Ebd., S. 320 f.
172 Ebd., S. 324
173 KGB III, 5, S. 386
174 KGB III, 1, S. 493
175 Ebd., S. 491 f.
176 Zit. nach: Sander L. Gilman
     (Hg.): Begegnungen mit Nietzsche.
     Bonn 1981, S. 479
177 Zit. nach: Ebd., S. 476
178 KGB III, 1, S. 502
179 Ebd., S. 515
180 Ebd., S. 523
181 Ebd., S. 521
182 KGB III, 5, S. 295 f.
183 Vgl. Janz II, S. 297–307 und
     S. 528–533
184 KGB III, 1, S. 513
185 Meta von Salis-Marschlins:
     Philosoph und Edelmensch. Ein
     Beitrag zur Charakteristik Friedrich
     Nietzsche's. Leipzig 1897, S. 1
186 Zit. nach: Sander L. Gilman
     (Hg.): Begegnungen, a. a. O., S. 585
187 KGB III, 5, S. 150 f.
188 Ebd., S. 392
189 Ebd., S. 561
190 KGB III, 6, S. 412
191 KGB III, 5, S. 572
192 Vgl. Janz II, S. 352–355
193 KGB III, 5, S. 159
194 KGB III, 3, S. 62
195 KGB III, 5, S. 128
196 KGB III, 3, S. 213 f.
197 Zit. nach: Sander L. Gilman
     (Hg.): Begegnungen, a. a. O., S. 498

198 KSA 6, S. 268
199 KGB III, 1, S. 469
200 Ebd., S. 427
201 KSA 3, S. 480 f.
202 Zit. nach: Klaus Goch: Franziska
    Nietzsche. Frankfurt a. M., Leipzig
    1994, S. 49 f.
203 KGB II, 6/1, S. 516 f.
204 Erich F. Podach (Hg.): Der kran-
    ke Nietzsche. Briefe seiner Mutter
    an Franz Overbeck. Wien 1937,
    S. 114
205 KGB I, 1, S. 1
206 KGB II, 4, S. 372
207 KSA 2, S. 277
208 KGB I, 1, S. 321 f.
209 Ebd., S. 16
210 KGB III, 1, S. 390
211 KGB I, 2, 18 f.
212 KGB I, 3, S. 336
213 KGB I, 2, S. 373
214 KGB II, 6/1, S. 680 f.
215 KGB III, 2, S. 301
216 KGB III, 1, S. 256
217 Ebd., S. 257
218 Ebd., S. 270
219 Ebd., S. 267
220 Erich F. Podach (Hg.): Der
    kranke Nietzsche, a.a.O., S. 3
221 Ebd., S. 3 f.
222 Ebd., S. 14
223 Ebd., S. 11
224 Ebd., S. 24
225 Ebd., S. 45
226 Ebd., S. 80
227 Ebd., S. 82
228 Ebd., S. 85
229 Ebd., S. 82 f.
230 Ebd., S. 175
231 Ebd., S. 145
232 Elisabeth Förster-Nietzsche:
    Der junge Nietzsche. Stuttgart
    1922, S. 41
233 Ebd.
234 Ebd., S. 44
235 Ebd., S. 48
236 Ebd., S. 49
237 KGB III, 1, S. 107 f.
238 KGB II, 2, S. 310
239 Zit. nach: Sander L. Gilman
    (Hg.): Begegnungen, a.a.O., S. 197
240 KGB II, 5, S. 112
241 KGB II, 6/1, S. 16
242 KGB II, 5, S. 9
243 Ebd., S. 12
244 KGB II, 6/1, S. 42
245 Ebd., S. 63 f.
246 KGB III, 1, S. 211
247 KGB III, 3, S. 54
248 Ebd., S. 147
249 KGB III, 3, S. 250
250 Erich F. Podach (Hg.): Der kran-
    ke Nietzsche, a.a.O., S. 105
251 Zit. nach: Sander L. Gilman
    (Hg.): Begegnungen, a.a.O., S. 730 f.
252 Zit. nach: Peter Merseburger:
    Zwischen Geist und Macht. Stutt-
    gart ³1999, S. 277
253 Zit. nach: H. F. Peters: Zarathus-
    tras Schwester. München 1983,
    S. 273
254 Vgl. Karl Schlechta: Der Fall
    Nietzsche. Aufsätze und Vorträge. 2.,
    erweiterte Auflage. München 1959

1813 22. Mai: Richard Wagner in Leipzig geboren. 10. Oktober: Nietzsches Vater Carl Ludwig geboren.

1816 28. Oktober: Malwida von Meysenbug in Kassel geboren.

1826 2. Februar: Franziska Nietzsche, geb. Oehler, wird in Pobles geboren.

1831 Marie Baumgartner, geb. Köchlin, geboren.

1837 16. November: Franz Overbeck als Sohn eines deutschen Kaufmanns und einer Französin in Petersburg geboren. 25. Dezember: Cosima Liszt in Bellagio (Comer See) geboren.

1843 10. Oktober: Nietzsches Eltern heiraten in Röcken.

1844 15. Oktober: Friedrich Nietzsche in Röcken geboren.

1846 25. März: Helen Zimmern in Hamburg geboren. 10. Juli: Elisabeth Nietzsche wird in Röcken geboren.

1848 24. Januar: Bertha Rohr wird in Basel geboren. 27. Februar: Nietzsches Bruder Joseph wird geboren.

1849 30. Juli: Nietzsches Vater stirbt. 21. November: Paul Rée wird in Bartelshagen (Pommern) geboren.

1850 9. Januar: Nietzsches Bruder Joseph stirbt. Die Familie Nietzsche siedelt nach Naumburg über.

1850–1858: Nietzsche besucht in Naumburg die Knabenbürgerschule, das Privatinstitut des Kandidaten Weber und das Domgymnasium.

1853 5. Juni: Mathilde Trampedach wird in Georgenburg geboren.

1854 10. Januar: Heinrich Köselitz wird in Annaberg (Sachsen) geboren.

1855 Resa von Schirnhofer wird in Krems, Niederösterreich, geboren. 1. März: Meta von Salis-Marschlins wird auf Schloss Marschlins (Schweiz, Graubünden) geboren. Malwida von Meysenbug lernt Richard Wagner in London kennen.

1856 2. Mai: Helene Druskowitz in Wien geboren.

1858 Oktober–September 1864: Nietzsche Schüler in Pforta.

1860–1861 Malwida von Meysenbug in Paris ständiger Gast bei Richard Wagner.

1861 12. Februar: Louise von Salomé wird als Tochter des Generals Gustav von Salomé und seiner Frau Louise, geb. Wilm, in St. Petersburg geboren.

1864 Ab Oktober: Nietzsche studiert in Bonn klassische Philologie und Theologie.

1865 Ab Oktober: Nietzsche studiert in Leipzig.

1866 Beginn der zunächst innigen Freundschaft zwischen Nietzsche und Erwin Rohde.

1867 Ab Oktober: Nietzsche leistet einen Teil seines Militärdienstes in Naumburg als Krankenpfleger ab. Nach einem Reitunfall scheidet er aus.

1868 8. November: Nietzsche lernt Richard Wagner in Leipzig kennen.

1869 Februar: Nietzsche wird an die Universität Basel als außerordentlicher Professor für klassische Philologie berufen. 28. Mai: Nietzsche hält seine Antrittsrede an der Universität Basel über *Homer und die klassische Philologie*.

1870 Beginn der lebenslangen Freundschaft zwischen Nietzsche und dem Theologen Franz Overbeck. 25. August: Trauung Cosima und Richard Wagners in Luzern: Malwida von Meysenbug ist Trauzeugin.

1872 Nietzsche hält in Basel Vorträgt *Ueber die Zukunft unserer Bildungsanstalten*. 22. Mai: Malwida von Meysenbug trifft Nietzsche bei der Grundsteinlegung des Festspielhauses in Bayreuth. *Die Geburt der Tragödie aus dem Geiste der Musik* erscheint.

1873 Erste *Unzeitgemäße Betrachtung: David Stauss der Bekenner und der Schriftsteller* (bis 1876 erscheinen noch drei weitere *Unzeitgemäße Betrachtungen*). Nietzsche diktiert Carl von Gersdorff *Ueber Wahrheit und Lüge im aussermoralischen Sinne*.

1875 Oktober: Nietzsche lernt den Musiker Heinrich Köselitz (Peter Gast) kennen.

1876 Nietzsche freundet sich mit dem Moral-Psychologen Paul Rée an. 8. August: Franz und Ida Overbeck heiraten. Ab 13. August: Eröffnung der Bayreuther Festspiele mit der Erstaufführung von Richard Wagners «Ring des Nibelungen».

1876/77 Nietzsche verbringt den Winter in Sorrent mit Rée, Brenner und von Meysenbug.

1877 In der ersten Oktoberwoche wird Nietzsche wegen seiner vielfältigen Beschwerden von dem Arzt Dr. Otto Eiser intensiv untersucht.

1878 *Menschliches, Allzumenschliches I*. Juli: Nietzsche und seine Schwester lösen den gemeinsamen Haushalt in Basel auf.

1879 Nietzsche gibt die Baseler Professur auf. *Menschliches, Allzumenschliches II*.

1880 14. März–29. Juni: Nietzsche hält sich zusammen mit Heinrich Köselitz (Peter Gast) in Venedig auf.

1881 *Morgenröthe*.

1882 *Die fröhliche Wissenschaft*. April–November: Freundschaft mit Lou Andreas-Salomé. 26. Juli: Uraufführung von Richard Wagners «Parsifal» im Bayreuther Festspielhaus. Im September reist Wagner mit seiner Familie nach Venedig.

1883 Der erste Teil von *Also sprach Zarathustra* entsteht. 13. Februar: Richard Wagner stirbt in Venedig. Lou Andreas-Salomé lebt mit Paul Rée in Berlin.

1884 14. Juli: Nietzsche lernt Meta von Salis-Marschlins in Zürich kennen.

1886 *Jenseits von Gut und Böse*. Februar: Elisabeth Förster-Nietzsche reist mit ihrem Gatten Bernhard Förster nach Paraguay. Lou Andreas-Salomé verlobt sich mit Carl Andreas. Im folgenden Jahr heiraten sie.

1887 *Zur Genealogie der Moral*.

1888 *Ecce Homo* entsteht (Erstdruck 1908). *Der Antichrist* (Erstdruck 1895). *Der Fall Wagner. Ein Musikanten-Problem*.

1889 Abschluss der *Dionysos-Dithyramben* (Erstdruck 1892), *Götzen-Dämmerung*. Januar: geistiger Zusammenbruch Nietzsches in Turin. Kurzer Aufenthalt des kranken Nietzsche in Basel, dann Aufnahme in die Binswanger-Klinik in Jena. 3. Juni: Bernhard Förster wird tot in San Bernardino (Schweizer Kolonie in Paraguay) aufgefunden.

1890 Mai: Nietzsche verlässt die Klinik und zieht zur Mutter nach Naumburg. Dezember: Elisabeth Förster-Nietzsche kehrt für über ein Jahr aus Paraguay zurück.

1890–1897 Franziska Nietzsche pflegt ihren Sohn bis zu ihrem Tod in Naumburg.

1892 August: Elisabeth Förster-Nietzsche reist nach Paraguay; im darauffolgenden Jahr Rückkehr.

1894 Lou Andreas-Salomé veröffentlicht ihr Werk «Friedrich Nietzsche in seinen Werken». Gründung des Nietzsche-Archivs durch die Schwester im Haus Weingarten 18 in Naumburg.

1895 Dezember: Elisabeth Förster-Nietzsche erhält die Rechte an dem Werk ihres Bruders vertraglich zugesprochen.

1896 Elisabeth Förster-Nietzsche siedelt mit dem Archiv nach Weimar über.

1897 20. April: Franziska Nietzsche stirbt in Naumburg.

1897–1900 Nietzsche in Weimar.

1900 25. August: Friedrich Nietzsche stirbt in Weimar.

1901 28. Oktober: Paul Rée verunglückt tödlich, er stürzt in eine Schlucht bei Celerina (Engadin).

1903 26. April: Malwida von Meysenbug stirbt in Rom.

1905 26. Juni: Franz Overbeck stirbt in Basel.

1918 31. Mai: Helene Druskowitz stirbt in geistiger Umnachtung in Mauer/Ohling, Niederösterreich.
15. August: Heinrich Köselitz stirbt in Annaberg.

1921 Die Universität Jena verleiht Nietzsches Schwester den Ehrendoktor der Philosophie.

1929 11. März: Meta von Salis-Marschlins stirbt in Basel.

1930 1. April: Cosima Wagner stirbt in Bayreuth.

1934 11. Januar: Helen Zimmern stirbt in Florenz.

1935 8. November: Elisabeth Förster-Nietzsche stirbt in Weimar.

1937 5. Februar: Lou Andreas-Salomé stirbt in Göttingen.

1940 30. Mai: Berta Rohr stirbt.

1948 26. Oktober: Resa von Schirnhofer stirbt in Brixen (Südtirol).

die Frau die Zerstreuung des Helden
sei.
Das andere Geschlecht, 1949

Hedwig Dohm

Als ich las, was er über die Frauen geschrieben, kam Bestürzung, Schmerz,
tiefes Erstaunen über mich. Verhüll-
ten Hauptes hätte ich aufweinen mögen: «Auch Du, mein Sohn Brutus!»
Ein Schauder faßte mich, wie wenn
plötzlich aus der erhabenen Schönheit des Ozeans ein ungeheures Miß-
gebilde sich reckte und mit schrillen
Tönen die Luft durchgellte. [...] dieser
keusche, frauenfremde Mann, der sicher nie die kleinste weibliche Tiger-
kralle an seinem eigenen Leibe ge-
spürt, nie erfahren hat, wie diese
raubthierartigen Kreaturen, gleich
der Tragödie, «entzücken, indem sie
zerreißen». Vielleicht hat er gerade
deshalb von ihnen geträumt, wie der
heilige Antonius von den verführeri-
schen Teuflinnen: Halluzinationen
einer zu großen Enthaltsamkeit. [...]
Mit Gott und Göttern kannst Du reden, mit den Gestirnen, mit dem
Meer, mit Geistern und Gespenstern.
Nur mit und über Frauen kannst Du
nicht reden.
Nietzsche und die Frauen, 1898

Resa von Schirnhofer

Als Denker von so hemmungsloser
Art, war Nietzsche als Mensch von
exquisiter Sensibilität, zartfühlend
und von ausgesuchter Höflichkeit in
Gesinnung und Manieren dem weiblichen Geschlecht gegenüber, was ja
schon so oft von Anderen betont
wurde, die ihn persönlich kannten.
Vom Menschen Nietzsche, 1937

Simone de Beauvoir

Mit Nietzsche ist auch er [Monther-
lant] der Meinung, daß nur schwache
Zeitalter das Ewigweibliche verherr-
licht haben, und daß der Held sich
gegen die Magna Mater stellen muß.
[...] Von Nietzsche hat er gelernt, daß

Paul Deussen

Die ersten Wochen verlebten wir im
Nietzscheschen Hause in Naumburg
in Gesellschaft der an Frau Aja erin-
nernden, lebhaften, stets heitern,
stets erheiternden Mutter und der
siebzehnjährigen, in lieblichster
Mädchenblüte stehenden Schwester,
einem Schmetterlinge vergleichbar,
der über Blütenkelche dahineilt. Der
Eindruck, den sie machte, war hin-
reißend, aber ich hätte damals nicht
geglaubt, daß so viel Ernst in ihr
steckte, wie er sich später großen Le-
bensaufgaben gegenüber entwickelt
und bewährt hat.
*Erinnerungen an
Friedrich Nietzsche, 1901*

Alfred Kerr
Die Übermenschin

Nietzsches Schwester sechzigjährig.
Aktus. Feiert sie gehörig.
Jubel-Dame, Bild geschenkt,
Festlich ins Archiv gehängt.

Im Hotel ist unterdessen
Großes Gala-Nietzsche-Essen.
Oben um den Lüster schwebt
Friedrich. Hätt' er's doch erlebt.

Komplimente. Wundersame
Blumenspenden. Telegramme.
Toaste. Reden. Dank. Sperenzchen.
Übermenschenkaffeekränzchen.
1906

Thomas Mann

Sah bis spät die Briefe der Mutter
Nietzsches zu Ende durch. Ergriffen
und gedankenvoll.
*Tagebuchaufzeichnung
vom 21. August 1937*

Arnold Zweig

Soweit ich jetzt sehe, hat er nur einen höchst gesteigerten Zug: Angst,

von der Familie verschlungen zu werden, vor allem von Lisbeth. Und gerade das tritt ein – ungeheuerlich, so sehr, daß von ihm nur die leergefressene Käferhülse übrig bleibt. Mutter und Schwester fressen ihn auf, das Bismarck- und das Nazideutschland, alles, was er verachtet. Und seine Grundgedanken werden alle ad absurdum geführt, das Laute, Wagnerische seines Heroenkults, die Zarathustra-Lisztmusik, der Anti-Sozialismus, alles. Übrig aber bleibt die Person, der wunderbar reine Wesenskern, die Höflichkeit des Herzens, die Sanftheit der Sitten, das stille Leuchten, der halkyonische Nietzsche, kein Dionysos, ein Mensch, ein zarter sehnsüchtiger Werber um die entschwundene Ariadne und eine Inselwelt des Herzens und des Geistes, die in der völlig versunkenen Seele bruchstückhaft geistert.
Brief an Sigmund Freud,
12. August 1934

**E l i s a b e t h   F ö r s t e r -
N i e t z s c h e**
Die Sommer 1885 bis 1887 brachten aber außer dem lieben Trio meinem Bruder noch merkwürdig viele andere weibliche Bekanntschaften, und zwar waren es gelehrte Damen, damals «Emanzipierte» genannt, die ihn in Sils-Maria aufsuchten und sich eifrig bemühten, ihn kennen zu lernen. Da kam die treffliche Frau Röder-Wiederhold, die sich meinem Bruder sogar erbot, nach Diktat zu schreiben, was er auch mit herzlichstem Dank annahm. Aber ich glaube, sie haben sich beide nicht allzu wohl dabei gefühlt, denn Frau Röder-Wiederhold war eine leidenschaftliche Demokratin, und mein Bruder meinte, daß sie «allzu sehr mit dem Blute von 1848 getauft wäre». Sodann kam Fräulein Dr. Meta von Salis mit ihrer Freundin Fräulein Kym mehrere Monate nach Sils-Maria. Beide Damen waren meinem Bruder mit ihrer stei-

fen schweizerischen vornehmen Art und Weise sympathisch, im Gegensatz zu einer Reihe anderer gelehrten Weiblein, die meinen Bruder umschwärmten, Studentinnen, deren Namen ich vergessen habe, die mit ihren burschikosen Manieren ihm nicht angenehm waren.
Nietzsche in Sils-Maria, 1926/27

M a r i e   v o n   B r a d k e
Wer da ging, das merkte ich wohl, hatte Künstleraugen und trug in die erlebte Naturschönheit hohe, einsame, einzige Gedanken. Wenn man die große, kräftige, wohlgekleidete Gestalt so hineilen sah, mit dem vollen, rosigen Gesicht und dem Schnauzbart, hätte man sie eher für einen Rittergutsbesitzer als einen Gelehrten oder Künstler gehalten. Nur aus den großen, braunen, sammetweichen Augen sprach eine tiefe, gütige, geisterfüllte Künstlerseele. Nie hätte ich diese seine Schöpferstunden mit einer Begegnung stören mögen, so groß auch manchmal die Lust war.
Begegnung mit Nietzsche, 1920

C a r l   A l b r e c h t   B e r n o u l l i
Ein Augenzeuge, ein Basler, damals Jenenser Student und Hausgast bei seinen Verwandten Gelzer erzählt mir: «Wenn Frau Pastor Nietzsche Gelzers einen Besuch machen wollte, brachte sie gewöhnlich ihren Sohn mit, der ihr wie ein Kind nachlief. Um ungestört zu sein, führte sie ihren Sohn in den Salon, wo er zuerst an der Thüre stehen blieb. Sie ging ans Klavier und spielte Akkorde, worauf er immer näher trat und zuletzt auch anfing zu spielen – zunächst stehend, bis die Mutter ihn auf einen Stuhl niederdrückte, wenn ich so sagen darf. Worauf er stundenlang weiter «phantasierte». Drüben wußte Frau Pastor ihren Sohn aufgehoben, ohne ihn beaufsichtigen zu müssen, solange sie Akkorde hörte.»
Nietzsche und die Schweiz, 1922

Ida von Miaskowski

In den Achtzigerjahren, als Nietzsches spätere Schriften erschienen, in denen manche von den oft zitierten scharfen Worten über die Frauen stehen, sagte mir mein Mann manchmal scherzend, ich solle den Leuten nicht von meinem freundschaftlichen Verkehr mit Nietzsche erzählen, da dieses wenig schmeichelhaft für mich sei. Aber es war eben nur ein Scherz. [...] Und gerade sein Wesen Frauen gegenüber war so zartfühlend, so ungezwungen und kameradschaftlich, daß ich auch jetzt im Alter in Nietzsche keinen Frauenverächter sehen kann. Die wenigen feindlichen Worte, welche er über die Frauen geschrieben hat – [...] können, wie mir scheint, auf das Krankhafte zurückgeführt werden, das schon frühe sich in seinen Werken sporadisch geltend macht. Und es stehen andererseits so viele schöne, ja erhabene Worte über die Frau und die Ehe in seinen Werken, mit denen der Philosoph sich gleichsam selbst widerlegt.
Erinnerungen an den jungen Friedrich Nietzsche, 1907

Ida Overbeck

Später (1880–1883) wohnte Nietzsche mehrmals bei uns. Leider durfte ich meine hausfraulichen Talente nur wenig vor ihm ausbreiten. Er aß lieber für sich und kam wohl stundenlang; aber das einzige, was er genießen mochte, war ein leicht gebrauter Tee mit ein paar englischen Cakes. [...] Auch an kleinen Wanderungen nahm ich teil, hinaus nach dem Neubad oder zum Heinrichsgarten an der Binningerstraße, wo Nietzsche höchst bescheiden einquartiert war und mit den einfachen Leuten im Hause gute Nachbarschaft hielt. In den zwei kleinen Stuben hat er dann freilich so viel gelitten, daß es uns angst und bange um ihn ward. So vertrauensvoll Nietzsche war, seinen kleinen Konfitürenschrank schloß er doch immer ab; der Gedanke, es könnten ihm da gelegentlich vorhandene schmutzige Kinderhändchen oder größere darüber geraten, war ihm peinlich.
Erinnerungen

Lou Andreas-Salomé

Im gewöhnlichen Leben war er von großer Höflichkeit und einer fast weiblichen Milde, von einem stetigen, wohlwollenden Gleichmuth, – er hatte Freude an den vornehmen Formen im Umgang und hielt viel auf sie. Immer aber lag darin eine Freude an der Verkleidung, – Mantel und Maske für ein fast nie entblößtes Innenleben.
Nietzsche in seinen Werken, 1894

BIBLIOGRAPHIE

Bibliographische Hinweise über Frauenbekanntschaften Nietzsches, die hier nicht aufgeführt werden, finden sich unter der Rubrik «Nietzsche und die Frauen – Allgemeines».
Die umfassendste Bibliographie über Nietzsche ist angekündigt: Weimarer Nietzsche-Bibliographie: 1867–1998. Bearb. von einem Team an der Herzogin Anna Amalia Bibliothek Weimar. Stuttgart, Weimar: Metzler, 2000 ff. [voraussichtlich 5 Bände, Band 1 (Primärliteratur) soll im Sommer 2000 erscheinen].

1. Nietzsche und die Frauen – Allgemeines

Primärliteratur

Deussen, Paul: Deussen, Paul: Erinnerungen an Friedrich Nietzsche. Leipzig: Brockhaus 1901
Gilman, Sander L. (Hg.): Begegnungen mit Nietzsche. Bonn: Bouvier 1981
Nietzsche, Friedrich: Sämtliche Werke. Kritische Studienausgabe in 15 Bänden. Hg. von Giorgio Colli und Mazzino Montinari. Berlin, New York: de Gruyter 1988
–: Briefwechsel. Gesamtausgabe. Hg. von Giorgio Colli und Mazzino Montinari. Berlin, New York: de Gruyter 1975 ff.
–: Frühe Schriften. Nachdruck der Ausgabe München: Beck 1933–1940. 5 Bde. München: C. H. Beck 1994

Sekundärliteratur

Adam, Margarete: Nietzsche's Stellung zur Frau. Ein Versuch. In: Die Frau. Monatsschrift für das gesamte Frauenleben unserer Zeit 36 (1929), S. 329–335

Bäumler, Alfred: Die Liebe im Leben Nietzsches. In: Deutscher Almanach für das Jahr 1931. Leipzig 1930, S. 17–40
Bergoffen, Debra B.: Nietzsche's women. In: Journal of Nietzsche studies. Issue 12. Dudley 1996, S. 19–26
Bohley, Reiner: Nietzsches christliche Erziehung. In: Nietzsche-Studien 16 (1987), S. 164–196
Brann, Henry W.: Nietzsche und die Frauen. 2., verb. u. erw. Auflage. Bonn 1978 [Erstdruck 1931]
Diethe, Carol: Nietzsche and the new woman. In: German life and letters. Vol. 48, No. 4. Oxford, Cambridge / MA 1995, S. 428–440
–: Nietzsche and the early German feminists. In: Journal of Nietzsche studies. Issue 12. Dudley 1996, S. 69–81
–: Nietzsche's women: beyond the wip. Berlin, New York 1996 (Monographien und Texte zur Nietzsche Forschung, Bd. 31)
Dohm, Hedwig: Nietzsche und die Frauen. In: dies.: Die Antifeministinnen. Ein Buch der Verteidigung. Berlin 1902, S. 20–33
Egger, Hubert: Friedrich Nietzsche und die völkische Eheauffassung. Eine rechtsphilosophische Betrachtung [Diss.]. Graz 1942
Eigler, Friederike: «Gewissenlose Erkenntnis». Frauen-Bilder und Kulturkritik bei Elfriede Jelinek und Friedrich Nietzsche. In: Seminar. A journal of Germanic studies. Vol. 30, No. 1. Toronto 1994, S. 44–58
Goch, Klaus (Hg.): Friedrich Nietzsche. Über die Frauen. Frankfurt a. M., Leipzig 1992
Hecht, Maria: Friedrich Nietzsches Einfluß auf die Frauen. In: Die Frau 6 (1899), Heft 8, S. 486–491
Janz, Curt Paul: Friedrich Nietzsche. Biographie. 3 Bde. Frankfurt a. M. 1999
Janz, Marlies: «Die Frau» und «das Leben». Weiblichkeitskonzepte in der Literatur und Theorie um 1900.

In: Faszination des Organischen: Konjunkturen einer Kategorie der Moderne. Hg. von Hartmut Eggert u. a. München 1995, S. 37–52

Jesinghaus, Walter: Nietzsches Stellung zu Weib, Liebe und Ehe. Leipzig 1907

Kern, Hans: Nietzsches Stellung zur Frau. In: Der Rhythmus 20 (1942), S. 76–80

Klein, Johannes: Nietzsches Selbstbetrug und Erkenntnis. In: ders.: Das große Frauenbild im Erlebnis geistiger Männer. Marburg 1951, S. 140–159

Köhler, Joachim: Zarathustras Geheimnis. Friedrich Nietzsche und seine verschlüsselte Botschaft. Nördlingen 1989

Kositzke, Boris: Rhetorik und Erotik bei Nietzsche. In: Nietzsche oder «Die Sprache ist Rhetorik». Hg. von Josef Kopperschmidt u. a. München 1994, S. 183–195

Meerheimb, Henriette von: Friedrich Nietzsche, insbesondere sein Urteil über die Frauen. In: Monatsblätter für deutsche Literatur 5 (1901), S. 160–170; S. 218–225

Meyer, Heinrich: Nietzsche der Frauenfeind. In: Die Gegenwart 57 (1900), S. 117–121

Meyer-Benfey, Heinrich: Nietzsche und die Liebe. In: ders.: Welt der Dichtung: Dichter der Welt, Adel der Menschwerdung. Hg. von Fritz Collatz. Hamburg-Wandsbek 1962, S. 304–312

Miller, Alice: Das ungelebte Leben und das Werk eines Lebensphilosophen [Friedrich Nietzsche]. In: dies.: Der gemiedene Schlüssel. Frankfurt a. M. ²1988, S. 9–78

Nussbaumer-Benz, Uschi: Von alten und neuen Tafeln und vom Verhältnis der Geschlechter. Nietzsches abgrund-tiefe Psychologie. In: Von Nietzsche zu Freud: Übereinstimmungen und Differenzen von Denkmotiven. Hg. von Johann Figl. Wien 1996, S. 113–131

Pailer, Gaby: Schreibe, die du bist. Die Gestaltung weiblicher «Autorschaft» im erzählerischen Werk Hedwig Dohms. Zugleich ein Beitrag zur Nietzsche-Rezeption um 1900 [Kap. 7: Exkurs: «Überfrauen». Zur Nietzsche-Rezeption in der Literatur von Frauen um 1900, S. 137–153]. Karlsruhe 1992

Ries, Wiebrecht: Nietzsches Beiträge zu einer «Phänomenologie der Liebe». In: Nietzscheforschung. Bd. 3. Berlin 1996, S. 221–232

Ross, Werner: Der ängstliche Adler. Friedrich Nietzsches Leben. München ²1994

–: Der wilde Nietzsche oder die Rückkehr des Dionysos. Stuttgart 1994

Schlüpmann, Heide: Radikalisierung der Philosophie. Die Nietzsche-Rezeption und die sexualpolitische Publizistik Helene Stöckers. In: Feministische Studien 3 (1984), Heft 1, S. 10–34

–: Zur Frage der Nietzsche-Rezeption in der Frauenbewegung gestern und heute. In: Nietzsche heute. Die Rezeption seines Werks nach 1968. Hg. von Sigrid Bauschinger u. a. Bern, Stuttgart 1988, S. 177–193

Schmidt, Hermann Josef: Nietzsche absconditus: oder Spurenlesen bei Nietzsche: Kindheit. Teil I/II. Zugänge und Entwicklung. Berlin, Aschaffenburg 1991

–: Nietzsche absconditus: oder Spuren lesen bei Nietzsche: Kindheit. Teil III. Metaspurenlesen tut not. Berlin, Aschaffenburg 1991

–: «Du gehst zu Frauen?»: Zarathustras Peitsche – ein Schlüssel zu Nietzsche oder einhundert Jahre lang Lärm um nichts? In: Nietzscheforschung. Bd. 1. Berlin 1994, S. 111–134

Schulte, Günter: «Ich impfe euch mit dem Wahnsinn». Nietzsches Philosophie der verdrängten Weiblichkeit des Mannes. Frankfurt a. M., Paris 1982

Stöcker, Helene: Nietzsches Frauen-feindschaft. In: Die Zukunft 9 (1901), Bd. 34, S. 428–433

Winterfeld, Achim von: Nietzsches Ansichten über Weib, Liebe, Ehe. Gautzsch b. Leipzig 1910

2. Cosima Wagner

Primärliteratur

Mack, Dietrich: Cosima Wagner. Das zweite Leben. Briefe und Auf-zeichnungen 1883–1930. Mün-chen, Zürich 1980

Friedrich Nietzsche – Cosima Wag-ner – Richard Wagner: Das Trib-schener Idyll. Glück und Ende. Textcollage von Dieter Borchmeyer. 2 CDs. München 1999, Naxos-Hör-bücher

Wagner, Cosima: Die Tagebücher. Band I, 1869–1877. Hg. von Martin Gregor-Dellin und Dietrich Mack. München, Zürich 1977

–: Die Tagebücher. Band II, 1878–1883. Hg. von Martin Gregor-Dellin und Dietrich Mack. Mün-chen, Zürich 1977

Sekundärliteratur

Beidler, Franz W. (Hg.): Der Anteil des Ariadne-Erlebnisses an Nietz-sches Abkehr von Wagner. In: ders.: Cosima Wagner-Liszt. Der Weg zum Wagner-Mythos: Ausgewählte Schriften des ersten Wagner-Enkels und sein unveröffentlichter Brief-wechsel mit Thomas Mann. Biele-feld 1997, S. 265–274

Borchmeyer, Dieter: Richard Wag-ner und Nietzsche. In: Richard-Wagner-Handbuch. Hg. von Ulrich Müller und Peter Wapnewski. Stutt-gart 1986, S. 114–136

Fischer-Dieskau, Dietrich: Wag-ner und Nietzsche. Der Mystagoge und sein Abtrünniger. Stuttgart 1974

Gregor-Dellin, Martin: Richard Wagner. Sein Leben, sein Werk, sein Jahrhundert. München 1984

Groddeck, Wolfram: Friedrich Nietzsche – «Dionysos-Dithyram-ben». Bd. 1: Textgenetische Edition der Vorstufen und Reinschriften. Bd. 2: Die «Dionysos-Dithyram-ben». Bedeutung und Entstehung von Nietzsches letztem Werk. Berlin, New York 1991

Köhler, Joachim: Friedrich Nietz-sche und Cosima Wagner. Die Schule der Unterwerfung. Reinbek bei Hamburg 1998

Mayer, Hans: Richard Wagner. Ham-burg [26]1997

Salaquarda, Jörg: Noch einmal Ariadne. Die Rolle Cosima Wagners in Nietzsches literarischem Rollen-spiel. In: Nietzsche-Studien 25 (1996), S. 99–125

Vogel, Martin: Nietzsche in Bay-reuth. In: Zu Richard Wagner. Acht Bonner Beiträge zum Jubiläumsjahr 1983. Hg. von Helmut Loos und Günther Massenkeil. Bonn 1984, S. 121–131

3. Malwida von Meysenbug

Primärliteratur

Meysenbug, Malwida von: Memoi-ren einer Idealistin. 3 Bde. Berlin, Leipzig [7]1903 [Erstdruck 1876]

–: Individualitäten. Berlin, Leipzig [2]1902 [Erstdruck 1901]

–: Briefe von und an Malwida von Meysenbug. Hg. von Berta Schlei-cher. Berlin 1920

–: Im Anfang war die Liebe. Briefe an ihre Pflegetochter. Hg. von Berta Schleicher. München 1926

Stummann-Bowert, Ruth: Malwida von Meysenbug – Paul Rée. Briefe an einen Freund. Würz-burg 1998

Sekundärliteratur

Binder, Elsa: Malwida von Meysenbug und Friedrich Nietzsche. Die Entwicklung ihrer Freundschaft mit besonderer Berücksichtigung ihres Verhältnisses zur Stellung der Frau. Berlin 1917

Conrad, Michael Georg: Meine Begegnung mit Malwida von Meysenbug und – einer andern Persönlichkeit. In: Das Magazin für Literatur. Berlin 1903, S. 74 f.

Heckel-Mannheim, Karl: Malwida von Meysenbug, die Freundin Wagners und Nietzsches. Studie und persönliche Erinnerungen. In: Richard-Wagner-Jahrbuch. Leipzig 1906, S. 102–124

Maierhof, Gudrun: Randbemerkungen zu einer langjährigen Freundschaft. Malwida von Meysenbug und Friedrich Nietzsche. In: Jahrbuch der Malwida von Meysenbug-Gesellschaft. Kassel 1988, S. 14–24

Nickel, Karl Heinz: Bibliographische Übersicht. In: Jahrbuch der Malwida von Meysenbug-Gesellschaft. Kassel 1996, S. 62–93

Reuter, Martin: Das Interessanteste aus dem Briefwechsel zwischen von Meysenbug und Nietzsche. In: Jahrbuch der Malwida von Meysenbug-Gesellschaft. Kassel 1996, S. 76–123

–: Der Fall Nietzsche–Wagner aus der Sicht Malwida von Meysenbugs. In: Jahrbuch der Malwida von Meysenbug-Gesellschaft. Kassel 1996, S. 124–161

Ross, Werner: Das konnte nicht gut gehen! Impromptu über Malwidas Freundschaft mit dem jungen Nietzsche. In: Stadtsparkasse Kassel (Hg.): Malwida von Meysenbug. Ideal einer Frauengestalt des 19. Jahrhunderts. Kassel 1983, S. 59–68

Strinz, Martha: Friedrich Nietzsche und die «Idealistin». In: Die Frau 13 (1905), S. 44–51

Teuchert, Hannelore: Malwida von Meysenbug und Cosima Wagner, eine ungewöhnliche Freundschaft. In: Jahrbuch der Malwida von Meysenbug-Gesellschaft. Kassel 1994, S. 31–43

4. Lou Andreas-Salomé

Primärliteratur

Andreas-Salomé, Lou von: Friedrich Nietzsche in seinen Werken. Wien 1894

–: Lebensrückblick. Grundriß einiger Lebenserinnerungen. Aus dem Nachlaß hg. von Ernst Pfeiffer. Frankfurt a. M. 1974

Pfeiffer, Ernst (Hg.): Friedrich Nietzsche, Paul Rée, Lou von Salomé. Die Dokumente ihrer Begegnung. Frankfurt a. M. 1970

Sekundärliteratur

Diethe, Carol: In Nietzsche's shadow. In: Towards emancipation. German women writers of the nineteenth century. New York, London 1998, S. 171–197

Förster-Nietzsche, Elisabeth: Der Bruch der Freundschaft mit Dr. Paul Rée und Frau Lou Andreas-Salomé [Privatdruck]. In: Mitteilungen aus dem Nietzsche-Archiv. Weimar 1908

Hülsemann, Irmgard: Lou. Das Leben der Lou Andreas-Salomé. München 1998

Koepcke, Cordula: Lou Andreas-Salomé. Ein eigenwilliger Lebensweg. Ihre Begegnung mit Nietzsche, Rilke und Freud. Freiburg 1982

–: Lou Andreas-Salomé. Frankfurt a. M. 1986

Markotic, Lorraine: Lou Andreas-Salomés Deutung der Beziehung von künstlerischem Schaffen und «Übermensch» bei Nietzsche. In: Deutsche Zeitschrift für

Philosophie 44 (1996), Heft 6,
S. 1039–1053
Martin, Biddy: Woman and modernity. The (life)styles of Lou Andreas-Salomé. Ithaca, London 1991
Montinari, Mazzino: Zu Nietzsches Begegnung mit Lou von Salomé. In: Blätter der Rilke-Gesellschaft. Heft 11/12 (1984/85). Saas Fee 1985, S. 15–22
Podach, Erich: Friedrich Nietzsche und Lou Salomé: ihre Begegnung 1882. Zürich, Leipzig 1937
Ross, Werner: Lou Andreas-Salomé, Weggefährtin von Nietzsche, Rilke, Freud. Berlin 1992
Salber, Linde: Lou Andreas-Salomé. Reinbek bei Hamburg ⁴1998
Schaumann, Gerhard: «Der Ort hat Auswahl an hübschen bescheidenen Zimmern» – Friedrich Nietzsche und Lou von Salomé. In: ders.: Tautenburg bei Jena. Kulturgeschichte einer thüringischen Sommerfrische. Bucha bei Jena 1998, S. 77–86
–: Noch einmal zu Friedrich Nietzsche und Lou von Salomé in Tautenburg. In: Palmbaum 6 (1998), Heft 2, S. 110–115
Schöpf, Alfred: Von Nietzsche zu Freud? – Lou Andreas-Salomés philosophische Denkmotive. In: Von Nietzsche zu Freud. Übereinstimmungen und Differenzen von Denkmotiven. Hg. von Johann Figl. Wien 1996, S. 133–142

5. Franziska Nietzsche

Primärliteratur

Nietzsche, Franziska: «Mein Leben» [Autobiographische Sequenz]. In: Goethe-Schiller Archiv [GSA 100/851]
Podach, Erich F. (Hg.): Der kranke Nietzsche. Briefe seiner Mutter an Franz Overbeck. Wien 1937

Sekundärliteratur

Bernoulli, Carl Albrecht: Nietzsches Beziehungen zu seinen Angehörigen. In: Wissen und Leben 16 (1923), S. 870–879
Goch, Klaus: Franziska Nietzsche. Frankfurt a. M., Leipzig 1994
–: Franziska Nietzsche in Röcken. Ein Blick auf die deutsch-protestantische Pfarrhauskultur. In: Nietzsche-forschung. Bd. 2. Berlin 1995, S. 107–140
Kjaer, Jørgen: Friedrich Nietzsche. Die Zerstörung der Humanität durch ‹Mutterliebe›. Opladen 1990
Niemeyer, Christian: «Erziehung ist Umtaufen-lernen oder Andersfühlen lernen». Nietzsches pädagogische Erfahrung als Hintergrund seiner Muttersuche. In: Neue Sammlung. Vierteljahres-Zeitschrift für Erziehung und Gesellschaft 36 (1996), Heft 2, S. 223–243
Oehler, Adalbert: Nietzsches Mutter. München 1940
Podach, Erich F.: Die Mutter. In: ders.: Gestalten um Nietzsche. Weimar 1932, S. 7–33
Scheffer, Thassilo von: Nietzsches Verhältnis zu Mutter und Schwester. In: Die Propyläen 7 (1909/10), Nr. 13, S. 196–198
Zweig, Stefan: Mater dolorosa. Die Briefe von Nietzsches Mutter an Overbeck. In: ders.: Zeit und Welt. Gesammelte Aufsätze und Vorträge 1904–1940. Stockholm 1943, S. 55–64

6. Elisabeth Förster-Nietzsche

Primärliteratur

Förster-Nietzsche, Elisabeth: Das Leben Friedrich Nietzsches. Leipzig [Bd. 1: 1895; Bd. 2,1: 1897; Bd. 2,2: 1904]
–: Friedrich Nietzsche über Weib,

Liebe und Ehe. In: Neue deutsche Rundschau 10 (1899), S. 1058–1078
–: Das Nietzsche-Archiv, seine Freunde und Feinde. Berlin 1907
–: Wagner und Nietzsche zur Zeit ihrer Freundschaft. München 1915
–: Der junge Nietzsche. Stuttgart 1922 [Erstdruck 1912]
–: Friedrich Nietzsche und die Frauen seiner Zeit. München 1935

Sekundärliteratur

Benjamin, Walter: Nietzsche und das Archiv seiner Schwester. In: ders.: Gesammelte Schriften. Bd. 3. Hg. von Hella Tiedemann-Bartels. Frankfurt 1972 [Erstdruck 1932], S. 323–326
Goch, Klaus: Elisabeth Förster-Nietzsche (1846–1935). Ein biographisches Porträt. In: Luise F. Pusch (Hg.): Schwestern berühmter Männer. Frankfurt a. M. 1985, S. 361–413
–: Hexe und Königin. Elisabeth Nietzsche. Ein kleines Psychogramm. In: Nietzscheforschung. Bd. 4. Berlin 1998, S. 301–317
Guthke, Karl Siegfried: Zarathustras Tante. Elisabeth Nietzsche und ihr Bruder im Licht einer unbekannten Selbstdeutung. In: Neue deutsche Hefte 29 (1982), S. 470–483
–: Die Geburt des Nietzsche-Mythos aus dem Ungeist Elisabeths. «Lebensabriß» aus Paraguay. In: Nietzsche-Studien 26 (1997), S. 537–550
Hahn, Karl-Heinz: Das Nietzsche-Archiv. In: Nietzsche-Studien 18 (1989), S. 1–19

Hoffmann, David Marc: Zur Geschichte des Nietzsche-Archivs. Berlin, New York 1991
Macintyre, Ben: Vergessenes Vaterland. Die Spuren der Elisabeth Nietzsche. Leipzig 1994
Marelle, Luise: Die Schwester: Elisabeth Förster-Nietzsche. Berlin 1933
Müller-Buck, Renate: «Naumburger Tugend» oder «Tugend der Redlichkeit». Elisabeth Förster-Nietzsche und das Nietzsche-Archiv. In: Nietzscheforschung. Bd. 4. Berlin 1998, S. 319–335
Peters, H. F.: Zarathustras Schwester. Fritz und Lieschen Nietzsche – ein deutsches Trauerspiel. München 1983
Podach, Erich F.: Bernhard und Elli Förster. In: ders.: Gestalten um Nietzsche. Weimar 1932, S. 125–176
Sigismund, Ursula: Herzensfritzens Schwesterherz. Zum 150. Geburtstag von Elisabeth Förster-Nietzsche. In: Der Literat 38 (1996), Heft 7/8, S. 24–26
Volz, Pia Daniela: Der unbekannte Erotiker. Nietzsches fiktive Autobiographie «My sister and I». In: Gefälscht! Betrug in Politik. Literatur, Wissenschaft, Kunst und Musik. Hg. von Karl Corino. Frankfurt a. M. 1990, S. 287–304.
Wollkopf, Roswitha: Elisabeth Nietzsche – Nora wider Willen? Ein bisher unentdecktes Manuskript. In: Nietzscheforschung. Bd. 1. Berlin 1994, S. 261–266

rowohlts monographien
Begründet von Kurt Kusen-
berg, herausgegeben von
Wolfgang Müller und Uwe
Naumann.

Hannah Arendt
dargestellt von
Wolfgang Heuer
(50379)

Aristoteles
dargestellt von J.-M. Zemb
(50063)

Walter Benjamin
dargestellt von Bern Witte
(50341)

René Descartes
dargestellt von Rainer Specht
(50117)

Johann Gottlieb Fichte
dargestellt von
Wilhelm G. Jacobs
(50336)

Michael Foucault
dargestelt von
Bernhard H. F. Taureck
(50506)

Georg Wilhelm Friedrich Hegel
dargestellt von
Franz Wiedmann
(50110)

Karl Jaspers
dargestellt von Hans Saner
(50169)

Immanuel Kant
dargestellt von Uwe Schultz
(50101)

Sören Kierkegaard
dargestellt von
Peter P. Rohde
(50028)

John Stuart Mill

JÜRGEN GAULKE

Karl Marx
dargestellt von
Werner Blumenberg
(50076)

John Stuart Mill
dargestellt von
Jürgen Gaulke
(50546)

Friedrich Nietzsche
dargestellt von Ivo Frenzel
(50634)

Jean-Jacques Rousseau
dargestellt von
Georg Holmsten
(50191)

Karl Popper
dargestellt von
Manfred Geier
(50468)

Der Wiener Kreis
dargestellt von
Manfred Geier
(50508)

Ludwig Wittgenstein
dargestellt von
Kurt Wuchterl
und Adolf Hübner
(50275)

rowohlts monographien
Begründet von Kurt Kusenberg, herausgegeben von Wolfgang Müller und Uwe Naumann.

Alfred Andersch
dargestellt von
Bernhard Jendricke
(50395)

Lou Andreas-Salomé
dargestellt von Linde Salber
(50463)

Bettine von Arnim
dargestellt von
Helmut Hirsch
(50369)

Jane Austen
dargestellt von
Wolfgang Martynkewicz
(50528)

Ingeborg Bachmann
dargestellt von Hans Höller
(50545)

Simone de Beauvoir
dargestellt von
Christiane Zehl Romero
(50260)

Wolfgang Borchert
dargestellt von
Peter Rühmkorf
(50058)

Albert Camus
dargestellt von
Brigitte Sändig
(50544)

Paul Celan
dargestellt von
Wolfgang Emmerich
(50397)

Ernest Hemingway
Hans-Peter Rodenberg

Raymond Chandler
dargestellt von
Thomas Degering
(50377)

Theodor Fontane
dargestellt von
Helmuth Nürnberger
(50145)

Ernest Hemingway
dargestellt von
Hans-Peter Rodenberg
(50626)

Henrik Ibsen
dargestellt von
Gerd E. Rieger
(50295)

James Joyce
dargestellt von Jean Paris
(50040)

Ein Gesamtverzeichnis der Reihe *rowohlts monographien* finden Sie in der *Rowohlt Revue*. Vierteljährlich neu. Kostenlos in Ihrer Buchhandlung.
Rowohlt im Internet:
www.rowohlt.de

rowohlts monographien

rowohlts monographien
Begründet von Kurt Kusenberg, herausgegeben von Wolfgang Müller und Uwe Naumann.

Thomas Bernhard
dargestellt von Hans Höller
(50504)

Hermann Broch
dargestellt von Manfred Durzak
(50537)

Agatha Christie
dargestellt von Monika Gripenberg
(50493)

Marion Dönhoff
dargestellt von Haug von Kuenheim
(50625)

Johann Wolfgang von Goethe
dargestellt von Peter Boerner
(50577)

Carlo Goldoni
dargestellt von Hartmut Scheible
(50462)

Franz Kafka
dargestellt von Klaus Wagenbach
(50091)

Jack London
dargestellt von Thomas Ayck
(50244)

Die Familie Mann
dargestellt von Hans Wißkirchen
(50630)

Nelly Sachs
dargestellt von Gabriele Fritsch- Vivié
(50496)

Johann Wolfgang von **Goethe**
Peter Boerner

William Shakespeare
dargestellt von Alan Posener
(50551)

Theodor Storm
dargestellt von Hartmut Vinçon
(50186)

Italo Svevo
dargestellt von François Bondy und Ragni Maria Gschwend
(50459)

Jules Verne
dargestellt von Volker Dehs
(50358)

Oscar Wilde
dargestellt von Peter Funke
(50148)

Stefan Zweig
dargestellt von Hartmut Müller
(50413)

Weitere Informationen in der **Rowohlt Revue**, kostenlos im Buchhandel, und im **Internet: www.rororo.de**

rowohlts monographien
Begründet von Kurt Kusenberg, herausgegeben von Wolfgang Müller und Uwe Naumann.

Ingmar Bergman
dargestellt von Eckhard Weise
(50366)

Luis Buñuel
dargestellt von Michael Schwarze
(50292)

Charlie Chaplin
dargestellt von Wolfram Tichy
(50219)

Walt Disney
dargestellt von Reinhold Reitberger
(50226)

Eleonora Duse
dargestellt von Doris Maurer
(50388)

Federico Fellini
dargestellt von Michael Töteberg
(455)

Gustaf Gründgens
dargestellt von Heinrich Goertz
(315)

Alfred Hitchcock
dargestellt von Bernhard Jendricke
(420)

Fritz Kortner
dargestellt von Peter Schütze
(531)

Mary Wigman
Gabriele Fritsch-Vivié

Ernst Lubitsch
dargestellt von Herta-Elisabeth Renk
(50502)

Marilyn Monroe
dargestellt von Ruth-Esther Geiger
(50507)

Pier Paolo Pasolini
dargestellt von Otto Schweitzer
(50354)

Karl Valentin
dargestellt von Michael Schulte
(50144)

Mary Wigman
dargestellt von Gabriele Fritsch-Vivié
(50597)

Ein Gesamtverzeichnis der Reihe *rowohlts monographien* finden Sie in der *Rowohlt Revue*. Vierteljährlich neu. Kostenlos in Ihrer Buchhandlung.
Rowohlt im Internet:
www.rowohlt.de

rowohlts monographien